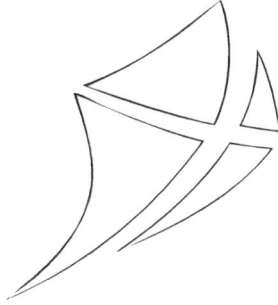

RESTAURAT
Experimenta la vida en Crist

Dr. Neil T. Anderson

CREED ESPAÑA

EVANGELIZAR DISCIPULAR PLANTAR

Restaurat
© 2016 Versió en català
CREED ESPAÑA
C/Mequinenza, 20, 28022, Madrid, Espanya
www.creedendios.com + 34 622 225 785

Originalment publicat en anglès amb el títol:
Restored
© 2007 de Neil T. Anderson
Publicat per e3 ResourcesFranklin, TN 37064

Textos bíblics presos de la Bíblia: BCI Bíblia Catalana, Traducció Interconfessional.
Traducció: Marc Pérez Aragó
Edició: Josep Antoni Boix Ferrer
Maquetació interior i disseny de portada: Jemima Taltavull

ISBN 978-9984-613-90-1
Dipòsit legal: SE-6513-2011

Dedico aquest llibre a la memòria del doctor

Dr. Stephen King

Aquest humil missioner va ser metge psiquiatra, devot home de família i membre directiu del Ministeri de Llibertat en Crist. Ell va creure el missatge d'aquest llibre i en el treball restaurador de l'Admirable Conseller i Metge suprem.

L'Stephen està ara a la presència de Déu, amb els milers de persones que ell va portar al Senyor, a les quals va assistir mèdicament i com a conseller. La seva devota esposa, la Judy, i la resta dels que hem sigut beneïts per l'obra de Déu a la seva vida, ens reunirem amb Ell a l'eternitat. Gràcies, Dr. Stephen King, per la teva vida exemplar en el servei cristià.

CONTINGUT

Introducció

"Si Crist hagués sigut massa orgullós per morir, no ens podria haver ajudat, doncs l'orgull és el nostre pecat essencial. D'aquesta manera Pau i altres argumenten que quan Crist es va entregar a si mateix sense orgull, va pagar pel pecat d'arrogància d'Adam. Si tot això és cert, aleshores certament constitueix el fet mes transcendental de l'existència humana. Crist, el terapeuta gratuït de la humanitat, ens ha donat el regal de la salvació per gràcia, i això és, sens dubte, un postulat atrevit.

-Rollo May

"S'ha complert el temps i el Regne de Déu és a prop. Convertiu-vos i creieu en la bona nova!"[1]

-Jesús

Has pres la decisió més important de la teva vida, o potser encara estàs considerant què significa realment fer-se cristià. En el moment que decideixis confiar en l'obra salvadora del nostre Senyor Jesucrist, et convertiràs en una nova criatura en Ell,[2] i seràs espiritualment traslladat del regne de les tenebres al Regne de Déu;[3] i entraràs a la vida eterna. Encara que potser sentis que no ha hagut un gran canvi, la teva vida i el teu destí hauran canviat per sempre.

Milions de persones abans que tu han pres aquesta decisió i formen part del pla de Déu per restaurar la humanitat caiguda. Déu et coneix i t'ha estimat des d'abans que nasquessis. Ell t'ha preparat un lloc al seu regne i té un pla específic per a tu.[4] Si ja l'has rebut com el teu Senyor (la màxima autoritat) i Salvador (el qui t'allibera) descobriràs el propòsit etern i el significat de la teva vida.

La salvació és molt més que un simple coneixement de per a què estem aquí. Si estàs disposat a penedir-te i a creure en l'Evangeli, descobriràs que Jesucrist és l'Admirable Conseller i el Metge suprem. Ell va venir a alliberar els captius i a embenar als ferits de cor. Jesucrist és el "terapeuta gratuït de la humanitat". El propòsit d'aquest llibre és ajudar-te a que visquis i siguis lliure en Crist, a través del penediment genuí i de la fe en Déu. Jesucrist t'estima i desitja que compleixis el teu destí com a fill alliberat o filla alliberada per Déu.

CAPÍTOL U
HISTÒRIA DE LA REDEMPCIÓ

Hem après de la història que la majoria de persones no han après gaire de la història. I els qui no aprenen, estan destinats a cometre els mateixos errors una vegada i una altra. Aquells que han après la veritat a través dels seus avantpassats, saben que la història no és altra cosa que la Seva història de desplegament de gràcia i amor per a tota la humanitat. Per poder entendre quin és el seu pla per a tu, hem de començar per l'inici de la història humana.

LA CREACIÓ

"Al principi, Déu va crear el cel i la terra,"5 són les primeres paraules de la Bíblia. Déu és Esperit i és infinit, etern i inalterable en saviesa, poder i santedat. Ell existia quan el món físic només era una idea. Hi va haver un moment en el temps, en el que Déu va crear tota matèria física i tota criatura vivent. Va ser aleshores que va crear Adam i Eva a la seva imatge. Ells tenien potestat sobre els peixos del mar, les aus del cel i les bèsties de la terra.6 Exercien domini sobre la resta de la creació i havien de ser fructífers per tal de multiplicar-se i poblar la terra. Adam i Eva estaven físicament vius, la qual cosa significava que les seves ànimes estaven en unió amb els seus cossos. Estaven espiritualment vius, per tant les seves ànimes estaven en unió amb Déu. Degut a que van ser creats a imatge de Déu, podien pensar, sentir i prendre decisions, a diferència de la resta de criatures que estan físicament vives, que es regeixen per un instint diví.

Adam i Eva estaven a resguard, segurs i eren importants. Tenien un sentit de pertinença a Déu i de pertinença mútua. Estaven nus i no se n'avergonyien perquè no tenien res a amagar. Podien menjar lliurement de l'arbre de la vida, la qual cosa els permetia viure per sempre, mantenint-se en unió amb Déu.

Abans de la creació de la humanitat, un àngel magnífic anomenat Llucifer es rebel·là contra Déu i en conseqüència va caure del cel, emportant-se amb ell un terç de tots els àngels. Llucifer significa "portador de llum", però ell no va reflectir més la glòria de Déu. Es va convertir en Satanàs o el diable, i regna sobre la seva horda d'àngels caiguts, als quals la Bíblia anomena dimonis. Degut a la gelosia que li provocava la posició donada a Adam i Eva, Satanàs va temptar a Eva perquè mengés del fruit prohibit. Ella, al seu torn, va persuadir Adam perquè ell també en mengés, pecant junts al rebel·lar-se contra Déu.

LA CAIGUDA

Les conseqüències van ser immediates. Adam i Eva van morir espiritualment. El pecat els separà de Déu i les seves ànimes es separaren del seu Pare celestial. Van continuar estant físicament vius, però tard o d'hora la mort física seria la conseqüència del seu pecat. Adam i Eva van haver de fer-se un nom per si mateixos i buscar el significat i el propòsit de les seves vides independentment del seu Pare celestial. Van haver de confiar en les seves pròpies forces i recursos, doncs la vida de Déu ja no era en ells. Eren com cotxes sense benzina, i lluitaven per trobar el propòsit i el significat de les seves vides en el seu estat natural, la qual cosa continua sent una realitat per a aquells que no tenen una relació amb Déu.

El cotxe té una bateria que li dóna l'espurna de la vida, així que la persona natural intenta trobar el seu propòsit en la bellesa del cotxe, en el confort dels seus seients, la qualitat de l'equip de so, els llums, el so del clàxon; però el cotxe no va ser creat per això. El seu propòsit és proporcionar transport. Sense benzina el cotxe pot fer llum, sonar, fer bona olor i fer sentir bé, però no podrà realitzar el propòsit per al qual va ser creat. El mateix passa amb els éssers humans a no ser que tinguem la vida de Crist dins el nostre ésser.

Degut a la caiguda, cada descendent d'Adam i Eva neix físicament viu, però espiritualment mort.[7] A més a més, el món sencer va ser afectat per la rebel·lió, i tota la creació gemega anhelant el dia de redempció.[8] Aquell dia arribarà, perquè Déu va maleir immediatament el diable i va prometre que d'un descendent d'Eva vindria el Salvador, el qual esclafaria el cap de Satanàs.[9]

El pla de Déu, era primerament mostrar a la humanitat la seva necessitat d'un Salvador. Ell ens ha revelat aquesta necessitat al instituir un sistema de sacrificis, mitjançant el qual algú havia de pagar el càstig dels nostres pecats. A través de Moisès, Déu ens va donar la llei moral per governar el nostre comportament. Malgrat això, cap animal podia donar vida espiritual i ningú podia viure d'acord amb la llei. Per tant, Ell va enviar profetes per animar al seu poble a viure justament, d'acord amb les lleis de Déu. Aquest profetes també van revelar la paraula de Déu i van enregistrar la història del seu pla redemptor. Els llibres de l'Antic Testament enregistren la història de la creació i la caiguda d'Adam i Eva. També mostren els intents inútils de la humanitat per trobar el seu propòsit, el significat de la vida i el seu intent de viure de forma independent de Déu.

Déu va cridar Abraham i el va fer sortir de la terra d'Ur (el que avui dia és Iraq) per anar a la terra promesa d'Israel. Déu va fer un pacte incondicional amb Abraham i va prometre que a través de la seva descendència serien beneïdes totes les nacions del món. El Messies vindria d'un d'aquests descendents. Mitjançant el profeta Moisès, Déu va fer un pacte condicional de llei, prometent beneir als que la complissin, però ningú va poder. Durant segles el poble de Déu va intentar sense èxit viure sota la llei, la qual es convertiria en la guia de Déu per portar-nos a Crist,[10] el Messies promès.

L'EVANGELI

Quan semblava que no hi havia cap esperança per a la humanitat i havia arribat l'hora propícia Déu va enviar el seu Fill Jesús. Jesús va néixer de forma sobrenatural de la verge Maria i, com Adam, va néixer física i espiritualment viu. Jesús és la Paraula de Déu preexistent, qui es va fer carn i va viure entre nosaltres. Jesús és co-igual amb el Pare i amb l'Esperit Sant, i junts conformen l'únic Déu veritable. Mentre va estar a la terra, Jesús va continuar sent completament Déu, però també completament humà. Cap persona pot convertir-se en Déu, però Déu pot prendre, i així ho va fer, la forma d'un ésser humà. Jesús va venir per tres raons principals.

Primer, Ell va venir per donar-nos exemple, perquè seguim els seus passos. Jesús ens va mostrar com una persona espiritualment viva pot viure una vida justa. I ho va fer demostrant una vida totalment depenent del seu Pare celestial.[11] Tota temptació és un intent de fer-nos viure de forma independent de Déu. Jesús va ser temptat en tot, però a diferència d'Adam, Ell mai va pecar. La seva perfecció sense pecat va fer de Jesús l'únic sacrifici possible per als nostres pecats.

Cap altre sacrifici, animal o humà, podia portar-ho a terme.

> Tota temptació és un intent de fer-nos viure de forma independent a Déu.
>
> ဆ

El pecat havia separat la humanitat de Déu, i la paga del pecat és la mort.[12] Així que Jesús va morir a la creu pels nostres pecats perquè així poguéssim ser perdonats. D'acord amb la llei de l'Antic Testament no hi ha perdó de pecats sense vessament de sang.[13] Al morir i vessar la seva sang, Jesús va eliminar l'enemistat que existia entre Déu i la humanitat. "Al qui no havia experimentat pecat, Déu, per nosaltres, li va carregar el pecat, perquè gràcies a Ell experimentéssim la seva justícia salvadora".[14] Tot i això, saber que els nostres pecats han estat perdonats no és suficient.

Segon, Jesús no només va venir per morir a la creu pels nostres pecats, sinó també per ser ressuscitat perquè nosaltres poguéssim tenir una nova vida eterna (és a dir, espiritual) en Crist. Això significa que les nostres ànimes estan novament unides a Déu. El que Adam i Eva van perdre a la caiguda va ser vida i el que Jesús va venir a donar-nos va ser vida.[15] Jesús és el pa de vida.[16] Ell és "el camí, la veritat i la vida".[17] És l'únic camí de tornada a Déu. "La salvació no es troba en ningú més, perquè, sota el cel, Déu no ha donat als homes cap altre nom que pugui salvar-nos".[18] Jesús és la veritat i si coneixes la veritat, la veritat et farà lliure.[19] Jesús va dir: "Jo sóc la resurrecció i la vida. Qui creu en mi, encara que mori (físicament), viurà (espiritualment); i tot aquell qui viu i creu en mi, no morirà mai més (espiritualment)".[20]

SALVAT PER LA GRÀCIA DE DÉU MITJANÇANT LA FE

L'única forma d'apropiar-nos d'aquesta nova vida és entregant la nostra fe i confiança completament a Déu i depenent únicament de l'obra que Crist va fer per salvar-nos. "És per la gràcia que heu estat salvats per mitjà de la fe! I això no ve de vosaltres: és un do de Déu. No és fruit de les obres, perquè ningú no pugui gloriar-se'n".[21] Si no has rebut aquest regal gratuït de Déu, per què no ho fas ara mateix? Déu coneix el teu cor, i pots parlar amb Ell amb aquesta pregària:

*Estimat Pare celestial, gràcies per enviar a Jesús a morir a la creu pels meus pecats. Reconec que he pecat i no puc salvar-me per mi mateix. Crec que Jesús va venir a donar-me vida eterna i espiritual, i per fe ara decideixo rebre't a la meva vida com a Senyor i Salvador. Pel poder de la teva presència que viu en mi, capacita'm per a ser la persona que tu vas dissenyar que fos. Concedeix-me el penediment que em porti al coneixement de la teva veritat, perquè pugui experimentar la meva nova identitat i llibertat en Crist i sigui transformat per la renovació de la meva ment. En el preciós nom de Jesús. **Amén.***

L'apòstol Joan va escriure: "Però a tots els qui l'han rebut, als qui creuen en el seu nom, els ha concedit de ser fills de Déu".[22] "Mireu quina prova d'amor ens ha donat el Pare: Déu ens anomena fills seus, i ho som!"[23] Jesús va instruir els seus deixebles a dirigir la seves pregàries al "Pare nostre que estàs al cel,"[24] la qual cosa també vol dir que som els seus fills. Saber qui ets com a fill/filla de Déu és essencial per al teu creixement en Crist i per arribar a ser la persona que Déu desitja que siguis. Ningú pot comportar-se habitualment de forma contrària al que creu de sí mateix.

És per això que l'Esperit Sant dóna testimoni al nostre esperit, que som fills de Déu.[25] El nostre Pare celestial vol que sapiguem que som els seus fills.

Tot i això, Jesús no només va venir a morir pels nostres pecats i a donar-nos vida nova en Ell, sinó també per a suplir totes les nostres necessitats segons la mesura de la seva riquesa, donant-nos la glòria en Jesucrist.[26] Ell ens va donar vida i aquesta vida ens dóna la nostra veritable identitat com a fills de Déu. Ell restaura la nostra necessitat d'importància, seguretat i acceptació de la següent manera:

EN CRIST

Sóc important: Renuncio a la mentida que sóc insignificant, inadequat, o que no tinc esperança. En Crist sóc molt important i especial. Déu diu que:

- Sóc la sal de la terra i la llum del món (Mateu 5:13-14)
- Sóc una sarment del cep veritable, unit a Crist i un canal que transporta la seva vida (Joan 15:1-5)

- Déu m'ha escollit i destinat per portar molt de fruit (Joan 15:16)
- Sóc testimoni personal de Crist, capacitat per l'Esperit Sant. (Fets 1:8)
- Sóc temple de Déu (1 Corintis 3:16)
- Estic en pau amb Déu: Ell m'ha encarregat treballar perquè altres trobin pau amb Ell. Sóc ministre de reconciliació (2 Corintis 5:17-21)
- Sóc col·laborador de Déu (2 Corintis 6:1)
- Estic assegut en llocs celestials amb Jesucrist. (Efesis 2:6)
- Sóc creació de Déu, creat per a fer bones obres (Efesis 2:10)
- Puc apropar-me a Déu amb llibertat i confiança (Efesis 3:12)
- Ho puc fer tot per mitjà de Crist que em fa fort (Filipencs 4:13)

Tinc plena seguretat: Renuncio a la mentida que sóc culpable, que estic desprotegit, sol o abandonat. En Crist tinc seguretat total. Déu diu que:

- Estic exempt per sempre de qualsevol condemnació (càstig). (Romans 8:1-2)
- Déu ho disposa tot per al bé d'aquells qui l'estimen. (Romans 8:28)
- Sóc lliure de qualsevol acusació contra mi (Romans 8:31-34)
- Res em pot separar de l'amor de Déu (Romans 8:35-39)
- Déu m'ha afirmat, ungit i segellat (2 Corintis 1:21-22)
- Déu perfeccionarà la bona obra que va començar en mi. (Filipencs 1:6)
- Sóc ciutadà del cel (Filipencs 3:20)
- Estic amagat amb Crist en Déu (Colossencs 3:3)
- No se m'ha donat un esperit de covardia, sinó de fortalesa, d'amor i de seny (2 Timoteu 1:7)
- Puc obtenir gràcia i misericòrdia en temps de necessitat (Hebreus 4:16)
- He nascut de Déu i el maligne no em pot tocar (1 Joan 5:18)

Sóc acceptat: Renuncio a la mentida que sóc rebutjat, no estimat o que estic brut. En Crist, sóc acceptat completament. Déu diu que:

- Sóc fill de Déu (Joan 1:12)
- Sóc amic de Crist (Joan 15:15)
- He sigut acceptat i fet sant (justificat) per Déu. (Romans 5:1)
- Estic unit al Senyor, en un sol esperit amb Ell (1 Corintis 6:17)
- He estat comprat pagant un preu – pertanyo a Déu (1 Corintis 6:19-20)
- Sóc membre del cos de Crist, part de la seva família (1 Corintis 12:27)
- Sóc un dels sants de Jesucrist (Efesis 1:1)
- He estat adoptat com a fill de Déu (Efesis 1:5)
- Tinc accés directe a Déu per l'Esperit Sant (Efesis 2:18)
- He estat rescatat (redimit) i perdonat de tots els meus pecats (Colossencs 1:14)
- Estic complet en Crist (Colossencs 2:10)

Aquestes declaracions són veritables perquè estem units a Déu. Aquesta nova vida en Crist, que implica la nostra unió amb Déu, la veiem descrita a la Bíblia com estar "en Crist" o "en Ell". Per cada verset a la Bíblia que indica que Déu està en els seus fills, n'hi ha deu que diuen que els seus fills estan "en Crist". Per exemple, als sis capítols de la carta als Efesis, trobem quaranta referències a estar "en Crist". Al Nou Testament hi ha un total de 27 llibres. Els quatre primers són històrics i s'anomenen evangelis, i descriuen el naixement, la vida, la mort, l'enterrament i la resurrecció de Crist. El cinquè llibre és Fets dels Apòstols, que és un llibre històric que explica la vida de l'església primitiva i l'obra dels apòstols, els quals van escriure la resta del Nou Testament, sota la inspiració de l'Esperit Sant. Les epístoles proveeixen instrucció a l'església, la qual és el cos viu de Crist. La Bíblia sencera va ser escrita durant un període de 1.400 anys per quaranta autors diferents que van escriure sota la inspiració de Déu. La Bíblia és, per tant, la Paraula d'autoritat completa per a la vida i la pràctica de tot el poble de Déu.

Després que Jesús fos ressuscitat, es va aparèixer als seus deixebles i a centenars de persones que encara eren vives quan el Nou Testament es va escriure. [27] Ell va ser amb ells durant aproximadament quaranta dies i després va tornar a la seva llar al cel. Està assegut a la dreta de Déu Pare, que és el tron espiritual i el seient d'autoritat per a l'univers. Després que Jesús fos glorificat al cel, l'Esperit Sant va ser enviat a tots els qui creien en l'obra final de Jesús. El vessament de l'Esperit Sant va tenir lloc el dia de la festa jueva de Pentecosta, i això marca el començament de l'Església. L'Esperit Sant és l'Esperit de Veritat [28] i viu en cada creient des del moment en que neix de nou espiritualment. L'Esperit Sant et guiarà a tota veritat, i aquesta veritat et farà lliure.

LA DERROTA DE SATANÀS

Hi ha una tercera raó per la qual Jesús va venir al món. Va venir per desfer les obres del diable. [29] Quan Adam i Eva van pecar, van perdre el domini sobre la terra i Satanàs els hi va usurpar l'autoritat. Jesús es va referir al diable com el príncep d'aquest món [30] però va prometre que en seria llençat fora. [31] L'apòstol Joan va escriure que el món sencer està sota el poder del maligne [32] perquè ell enganya al món sencer. [33]

Però Crist va desarmar a Satanàs [34] quan derrotà al pecat i a la mort a la creu amb la seva mort i resurrecció.

Saber que Satanàs i els seus dimonis han estat derrotats és una part tan important de l'evangeli com ho és saber que els teus pecats t'han estat perdonats i que tens una nova vida en Crist. Satanàs és el pare de la mentida,[35] que esclavitza la gent. Les religions falses d'aquest món intenten d'apaivagar-lo i manipular el món espiritual mitjançant l'adoració satànica i els encanteris dels seus xamans. Satanàs desitja que se'l temi perquè vol ser venerat per damunt de Déu. Però només Déu és digne d'adoració perquè només Ell és omnipotent (tot poderós), omnipresent (és a tot arreu) i omniscient (tot ho sap), i tot creient veritable està entronitzat amb Crist dalt al cel,[36] el qual és el reialme espiritual.

Tota autoritat ha estat donada a Jesús tant al cel com a la terra,[37] per tant, hem estat autoritzats per anar al món i fer deixebles [38] i ensenyar-los a creure tot el que Ell va dir. Això vol dir que Satanàs no té autoritat sobre cap dels fills de Déu. Degut a la nostra unió amb Déu, tenim l'autoritat i el poder de fer la voluntat de Déu. Poder és l'habilitat de regnar, i autoritat és el dret a regnar. En Crist tenim ambdues coses.

> Poder és l'habilitat de regnar, i autoritat és el dret a regnar. En Crist tenim ambdues coses.

&

Per això l'apòstol Pau va escriure, "Finalment, deixeu-vos enrobustir pel Senyor i la seva força poderosa".[39] Com a fills de Déu vivim per fe en Déu, en la seva força i en la seva autoritat. Si intentem fer la seva voluntat amb les nostres pròpies forces i amb la nostra pròpia autoritat fracassarem miserablement. No tenim autoritat espiritual per fer la nostra pròpia voluntat independentment del nostre Pare celestial, però tenim l'autoritat per fer la voluntat de Déu, i aquesta autoritat inclou el regne de les tenebres, amb Satanàs i tots els seus dimonis.

CRIDA AL PENEDIMENT

La instrucció de Pau a l'església inclou més que creure en Déu. També ens va ensenyar "que havien de penedir-se i convertir-se a Déu i donar els fruits que demana la conversió".[40] L'apòstol Pere va dir a l'església primitiva, "Convertiu-vos, i que cada un de vosaltres es faci batejar en el nom de Jesucrist per obtenir el perdó dels pecats, i així rebreu el do de l'Esperit Sant. Perquè la promesa és per a vosaltres i els vostres fills, i també per a tots els que són lluny, tants com en cridarà el Senyor Déu nostre".[41] La circumcisió era un senyal del pacte de la llei de l'Antic Testament i el bateig és el senyal del pacte de gràcia del Nou Testament, el qual identifica el creient amb la vida, mort, enterrament i resurrecció de Crist.

Som salvats per la gràcia de Déu a través de la fe en l'obra completa de Crist, però si volem experimentar la nostra nova vida i la llibertat en Crist, i creure per la gràcia de Déu, ens cal penedir-nos dels nostres pecats. La resta d'aquest llibre et guiarà a través del procés de penediment. Si ets completament sincer amb Déu en aquest procés, al acabar sentiràs la seva presència a la teva vida: "I la pau de Déu, que sobrepassa tot el que podem entendre, guardarà els vostres cors i els vostres pensaments en Jesucrist".[42]

També t'exhortem a ser batejat en una església local i a declarar públicament la teva fe en Jesús: "Si amb els llavis confesses que Jesús és el Senyor i creus en el teu cor que Déu l'ha ressuscitat d'entre els morts, et salvaràs. Qui creu de cor, rep la justícia; qui confessa amb els llavis, obté la salvació".[43]

CAPÍTOL DOS
COM VÈNCER UNA ORIENTACIÓ FALSA (Pas 1)

Si realment desitges experimentar llibertat en Crist, el primer és renunciar a la participació passada o present en qualsevol activitat o grup que negui a Jesucrist, que ofereixi direcció a través de recursos contraris a la Paraula de Déu, o que requereixi de cerimònies o de pactes secrets. La Bíblia ens ensenya que "qui amaga les seves faltes no prosperarà; obtindrà misericòrdia qui les reconeix i s'esmena".[44] Renunciar significa abandonar o prescindir de quelcom o d'algú. El primer pas cap al penediment és renunciar, és a dir, allunyar-se d'alguna cosa i moure's cap a una altra. Literalment, penediment significa un canvi de parer, però és molt més exhaustiu en la seva aplicació.

Quan els fariseus i els saduceus van anar a que Joan els bategés, "els va dir: —Cria d'escurçons! Qui us ha dit que us escapareu del judici que s'acosta? Doneu els fruits que demana la conversió.[45]

Jesucrist sabia que el seu penediment no era complet. Ells desitjaven les benediccions de Déu però no volien abandonar les seves tradicions, pràctiques i posició religiosa.

LA NECESSITAT DE RENUNCIAR

La declaració pública: "Renuncio a tu, Satanàs, i a totes les teves obres i a tots els teus camins" ha format part, històricament, de la professió de fe de l'església des dels seus inicis. Fins avui moltes esglésies litúrgiques animen els seus membres a fer aquesta declaració pública en el moment de la salvació o de la confirmació. A l'església primitiva, els creients literalment miraven a l'oest i feien aquesta declaració. Després miraven a l'est i declaraven la seva fe en Déu. Tot i això, aquesta declaració és genèrica. Perquè el penediment sigui complet, has de renunciar a cada obra i camí de Satanàs.

Per ser lliure del passat, és necessari renunciar específicament a cada falsa religió, fals mestre, falsa pràctica, i tota recerca en direcció errònia en la que has participat. Moltes persones venen a Crist i fan una declaració de fe, però continuen amb els seus mals hàbits de buscar direcció participant en practiques religioses falses. Això no és un penediment complet. Si declarem que una cosa és veritable, llavors és important també declarar el què és erroni com a fals. No pots creure la veritat i una mentida al mateix temps i experimentar la teva llibertat en Crist.

La Creu es va fer càrrec del perdó dels pecats. La Resurrecció ens va proporcionar una nova vida en Crist, l'Ascensió de Crist a la dreta del Pare ens va assegurar l'autoritat i el poder per viure vides victorioses en Ell. Però en el moment en que naixem de nou, les nostres ments no són completament renovades. És per això que Pau diu: "No us emmotlleu al món present; deixeu-vos transformar i renoveu el vostre interior, perquè pugueu reconèixer quina és la voluntat de Déu, allò que és bo, agradable a Ell i perfecte".[46] Tot això és possible a través de la creu, la resurrecció i l'ascensió. Ara podem penedir-nos i renovar la nostra ment. Podem renunciar a les mentides, l'orientació falsa, els falsos mestres i recollir la veritat guiats per l'Esperit Sant.

LES FORCES DEMONÍAQUES EN ACCIÓ

L'apòstol Pau ens va advertir: "L'Esperit diu clarament que, en els darrers temps, alguns s'apartaran de la fe i faran cas d'esperits seductors i doctrines diabòliques".[47] En referència als últims dies, Jesús va dir, "Perquè sorgiran falsos messies i falsos profetes, que faran grans senyals i prodigis per enganyar, si fos possible, també els elegits".[48] Aquests credos falsos i ensenyances enganyoses són falsificacions de la veritat. Aparenten ser reals, però en realitat són mentides diabòliques. Les ensenyen mestres falsos que es fan passar per seguidors de Crist.[49] Al valorar les falsificacions del Cristianisme, cap criteri és més important que la doctrina de Jesucrist. Si alguna persona o grup no pot o no vol reconèixer que Jesucrist és el Fill de Déu, el Rei de reis, el Gran "Jo Sóc", hem de sospitar d'ells. [50] Moltes persones sota l'influencia de Satanàs poden dir que Jesús és el Senyor, però quan se'ls demana que diguin que Jesús és el seu Senyor, repetiran simplement "Jesús és el Senyor". El diable sap que Jesús és el Senyor de l'univers, però no confessarà a

Jesús com el seu Senyor, ni tampoc ho faran els seus seguidors.

Una segona característica de les falses religions i les ciències ocultes és que ofereixen salvació o il·luminació a través de mitjans aliens a la fe en l'obra completa de Crist. Satanàs cega l'enteniment de les persones a l'evangeli de Jesucrist. [51] Els defensors de la Nova Era ensenyen que no estem separats de Déu pel nostre pecat i, per tant, no hi ha cap necessitat de penediment. També ensenyen que som déus i només necessitem ser il·luminats. Quina mentida!

Tercer, els clarividents, gurus, curanderos, i falsos profetes ofereixen una bona qualitat de vida, coneixements esotèrics o poders especials mitjançant la connexió amb energies còsmiques, ritus secrets, cerimònies o pactes. La paraula ocult significa amagat, que no es deixa veure, secret, la qual cosa és totalment contrària a la naturalesa de Déu, qui ho fa tot a la llum. Qui està realment amagat i no es deixa veure és Satanàs, manipulador de titelles. El seu propòsit és mantenir la humanitat en esclavitud, allunyant-nos de la veritat que ens pot alliberar. Mitjançant un penediment genuí podem experimentar la nostra llibertat, a mesura que renunciem a les mentides i escollim la veritat.

PRENDRE UNA POSICIÓ VERBAL

El creient té la responsabilitat de sotmetre's a Déu i de resistir el diable. [52] D'aquesta manera reconeix l'autoritat de Déu sobre la seva vida, així com també sobre el regne demoníac. [53] Ocupa, en conseqüència, el seu lloc legítim a la dreta de Jesucrist i en contra del diable, fent ús de l'espasa de l'Esperit, que és la Paraula de Déu. És així com exerceix la seva dependència de Déu i l'autoritat que té en Crist.

La Bíblia relata una història de persones no regenerades que van intentar exercir la seva autoritat sobre el regne demoníac mitjançant l'ús de ritus i encanteris. A més a més de ser inútils, intents com aquest tenen resultats desastrosos. Els set fills d'Esceva eren incrèduls intentant expulsar dimonis en el nom de Jesús sense tenir una relació veritable amb Ell. [54] Van ser atacats i van haver de fugir despullats i ferits. El seu intent s'assembla a les pràctiques d'ocultisme que busquen manipular el món espiritual per fer la seva voluntat i no la voluntat de Déu.

Un exemple bíblic de trencar els lligams religiosos falsos amb el passat es troba a Fets 19:18-20. La majoria dels nous creients d'Efes havien estat involucrats en religions falses i ocultisme, participant en l'adoració al Temple d'Artemisa. Lluc escriu en el verset 18: "Molts dels qui s'havien convertit a la fe venien a reconèixer les seves pràctiques anteriors i a manifestar-les públicament". La confessió oberta de les pràctiques ocultes anava seguida de l'acció de desfer-se de qualsevol cosa associada a les tenebres. "Un bon nombre dels qui s'havien dedicat a la màgia van amuntegar els seus llibres i els van cremar davant de tothom".

TREURE TOT A LA LLUM

Déu sap el que s'ha de treure a la llum. Pot ser que no siguis completament conscient d'algunes pràctiques religioses passades que li van cedir terreny a l'enemic. Per això se t'anima a pregar a Déu i demanar-li que porti a la teva ment tota participació en sectes, ciències ocultes, falses religions o mestres, tant si ho has fet sabent o sense saber-ho. Hi ha dos objectius importants amb els quals tractaràs en aquest primer pas. Primer, els lligams mentals que provenen de sistemes de creences falses seran exposats i tallats per sotmetre't a Déu, renunciant a ells verbalment.

Segon, aprendràs com lluitar contra les mentides i els lligams que posteriorment surtin a la superfície. Aquest Pas t'ajudarà a reconèixer els enganys i saber com tractar amb ells en el futur.

Comença els Passos cap a la Llibertat en Crist amb la següent pregària i declaració:

PREGÀRIA

*Estimat Pare celestial, ets aquí i a la meva vida. Només tu ets Déu i l'únic que tot ho sap, tot poderós i present a tot arreu. Depenc de Tu, perquè apartat de Tu no puc fer res. Decideixo creure la veritat que tota autoritat al cel i a la terra li pertany a Crist ressuscitat, i al estar viu en Crist, comparteixo aquesta autoritat per fer deixebles i alliberar als captius. Et demano que m'omplis del teu Esperit Sant i que em guiïs a tota veritat. Demano la teva protecció total i la teva direcció. En el nom de Jesús. **Amén.***

DECLARACIÓ

En el nom i l'autoritat del Senyor Jesucrist, ordeno a Satanàs i a tots els esperits malignes que em deslliguin per què sigui lliure de conèixer i escollir la voluntat de Déu. Com un fill de Déu que està assegut amb Crist al cel, declaro que qualsevol enemic del Senyor Jesús quedi en silenci. Ni Satanàs ni cap dels seus dimonis poden infringir-me dolor, ni de cap manera poden impedir que la voluntat de Déu es realitzi avui a la meva vida. Pertanyo al Senyor Jesús i el maligne no em pot tocar.

COM COMENÇAR: EL PRIMER PAS

Si estàs processant tots els Passos d'un sol cop (t'ho recomano), aleshores necessitaràs fer la pregària i la declaració anteriors una sola vegada. En canvi, si desitges seguir els Passos cap a la Llibertat de capítol en capítol, comença cadascun dels passos amb la pregària i la declaració anteriors. Al començar aquest procés de penediment, estàs recuperant qualsevol terreny conquerit per l'enemic, situació a situació, i pas a pas. Perquè puguis entendre la importància espiritual del que estàs fent considera la següent il·lustració:

Imagina un home de 40 anys que mai ha fet gran cosa a la seva vida. Un diumenge a l'església escolta parlar per primer cop de Jesús. El seu cor respon a l'evangeli, i prega: "Senyor, confesso que he pecat. Gràcies per morir pels meus pecats a la creu. Crec que vas ressuscitar de la mort per donar-me vida eterna. Et rebo a la meva vida com a Senyor i Salvador".

Si tu i jo haguéssim estat allà quan aquest home pregava potser no hauríem vist cap canvi. Però en el regne espiritual els seus pecats haurien estat perdonats, ell hauria passat de mort a vida, i de l'eternitat a l'infern a l'eternitat al cel. Tot això hauria passat al ell voler reconciliar-se amb Déu. Déu escolta i respon les oracions i ni Satanàs ni els seus dimonis, ni cap altra persona podria obstaculitzar la voluntat de Déu en la vida d'aquest home.

Ara farem una sèrie de pregàries. Moltes són oracions curtes i senzilles com la d'aquest home, i si ets honest i sincer amb Déu, cadascuna de les teves pregàries poden ser com la que ell hauria fet.

Les cadenes que l'enemic ha mantingut a la teva vida es trencaran degut a la teva autoritat com a fill de Déu.

Per aconseguir el millor resultat en aquest primer pas i en els següents busca un lloc tranquil on puguis pregar i processar en veu alta cada Pas. Això és molt important, ja que no hi ha indicis a la Bíblia que Satanàs pugui llegir els teus pensaments. Déu coneix els teus pensaments més íntims, però Satanàs no és Déu i mai hem de concedir-li atributs divins que només li pertanyen a Déu.

Si experimentes alguna interferència mental, ignora-la i continua. Pensaments com "això no servirà" o "no m'ho crec" o altres de més grollers, condemnatoris o acusatoris, no tenen poder sobre tu a no ser que te'ls creguis. Només son pensaments, però si els hi fas cas, és possible que estiguis escoltant un esperit enganyós, la qual cosa aturarà el procés. Desapareixeran tant bon punt t'hagis penedit completament i hagis acabat el darrer Pas. La ment és el centre de control; si no perds el control de la teva ment tampoc el perdràs en el procés de fer els Passos.

Algunes persones experimenten símptomes físics com nàusees o mal de cap. Si et passa ignora-ho i continua endavant amb els Passos, ja que al final també desapareixeran. Si no et pots concentrar, truca el teu pastor i demana-li que t'ajudi en el procés.

Tot i això, la majoria de persones no troben cap mena d'oposició. El que importa no és l'enemic, sinó la nostra relació amb Déu. Aquests Passos treuen els obstacles cap a la intimitat amb el nostre Pare celestial.

Aquest procés dels Passos és al que es refereix Jaume 4:7 quan se'ns anima a sotmetre'ns a Déu i a resistir el diable. El més important dels set Passos no és resistir el diable o els dimonis sinó tractar amb les àrees que afecten la nostra relació amb Déu.

PREGAR PER L'ORIENTACIÓ CORRECTA

El primer Pas per experimentar llibertat en Crist és renunciar (rebutjar verbalment) tota experiència (passada o present) d'ocultisme o d'ensenyances i pràctiques de religions falses. S'ha de rebutjar la participació en qualsevol grup que negui que Jesucrist és el Senyor i/o que col·loqui alguna ensenyança o llibre al mateix nivell de la Bíblia o per damunt d'ella. A més a més, és necessari renunciar a grups que exigeixin iniciacions secretes, cerimònies, vots o pactes. Déu no es pren lleugerament una orientació enganyosa. "També em giraré contra el qui consulti nigromants i endevins... Jo l'exclouré del poble d'Israel". (Levític 20:6). Com que no vols que el Senyor t'exclogui, demana-li que et guïï d'aquesta manera:

> **Estimat Pare celestial,** *recorda'm totes i cadascuna de les coses que he fet conscient o inconscientment relacionades amb ensenyances o pràctiques d'ocultisme, sectes o religions no cristianes. Desitjo experimentar la teva llibertat al rebutjar tota pràctica i ensenyança falses. En el nom de Jesús,* **Amén.**

Potser el Senyor et farà recordar coses que havies oblidat, o experiències en les que vas participar com un joc o que vas pensar que eren de broma. Podries fins i tot haver estat present de forma passiva o observant amb curiositat a altres mentre realitzaven pràctiques falses. El propòsit és renunciar a totes les falses experiències espirituals i a les seves creences.

Per ajudar-te a recordar aquestes coses, considera en pregària la següent llista de pràctiques espirituals que no són cristianes. A continuació trobaràs una pregària de confessió i renuncia. Fes-la en veu alta, tot omplint els espais en blanc amb aquelles coses que l'Esperit Sant ha portat a la teva ment per renunciar-hi. La llista següent avarca la majoria de pràctiques espirituals no cristianes, però malgrat això, no és exhaustiva. Ets lliure d'afegir-hi altres en les que vas estar involucrat. En cas que t'hagis criat en una altra cultura, has de ser especialment conscient de la necessitat de renunciar també a pràctiques religioses de tradició popular que no són cristianes. És important que hi renunciïs en veu alta per mitjà de la pregària.

LLISTA DE PRÀCTIQUES ESPIRITUALS QUE NO SÓN CRISTIANES

Marca tot allò en que hagis participat:

☐ Projecció astral (experiències fora del cos)
☐ Taula ouija
☐ Maria la Sanguinària (Bloody Mary)
☐ Jocs ocultistes
☐ Bola màgica
☐ Encanteris o maledccions
☐ Telepatia / control mental

- ☐ Hipnosi
- ☐ Sessions d'espiritisme / mèdiums / catalitzadors
- ☐ Màgia negra o blanca
- ☐ Control Mental Silva
- ☐ Meditació Transcendental (MT)
- ☐ Percepció extra-sensorial
- ☐ Transits
- ☐ Esperits guia
- ☐ Endevinació
- ☐ Cartes del Tarot
- ☐ Levitació
- ☐ Bruixeria / fetilleria
- ☐ Clarividència
- ☐ Pèndol
- ☐ Satanisme
- ☐ Llegir la mà
- ☐ Astrologia / horòscops
- ☐ Pactes de sang
- ☐ Fetitxes / cristalls / amulets
- ☐ Vudú
- ☐ Esperits sexuals
- ☐ Arts marcials (devoció al sensei)
- ☐ Supersticions
- ☐ Videojocs violents o d'ocultisme

ALTRES RELIGIONS

- ☐ Ioga (la religió, no els exercicis)
- ☐ Hare Krishna
- ☐ Bahaísme
- ☐ Culte a esperits tribals
- ☐ Culte als ancestres
- ☐ Islamisme
- ☐ Hinduisme
- ☐ Budisme (incloent Zen)
- ☐ Rosacreus

SECTES

☐ Mormonisme (Sants dels últims dies)
☐ Testimonis de Jehovà
☐ Nova Era (llibres, seminaris, objectes, medicina)
☐ Maçons
☐ Ciència Cristiana
☐ Església de la Unificació (Moonies)
☐ El Fòrum (EST)
☐ Església de la cienciologia
☐ Meditació Transcendental
☐ Unitarisme / Universalisme
☐ Feng Shui
☐ Reiki
☐ Fes un llista de pel·lícules, programes de televisió, música, llibres, revistes o còmics que el Senyor porti a la teva ment (especialment els que glorifiquen Satanàs, causen temor o malsons, són grotescament violents, o estimulen les passions de la carn).

Preguntes addicionals que et poden ajudar a prendre consciència d'altres coses a les quals necessites renunciar.

1. Alguna vegada has vist, escoltat o sentit una presència espiritual a la teva habitació?

2. Has tingut malsons recurrents? Renuncia a tot temor relacionat amb ells.

3. Tens o has tingut en algun moment un amic imaginari, esperit guia o àngel que t'ofereix direcció o companyia? (si té nom, renuncia-hi anomenant-lo)

4. Has sentit veus o has tingut pensaments repetitius i pejoratius (sóc un ximple, sóc lleig, ningú m'estima, no faig res bé), com si hi hagués un conversa contínua dins el teu cap? Apunta't cadascun d'ells i renuncia-hi fent servir la pregària específica després de la pregunta nou.

5. Has consultat mèdiums o espiritistes?

6. Has vist o t'han contactat éssers que pensaves que eren extraterrestres?

7. Has fet alguna vegada un vot o pacte secret (o promeses internes com per exemple: Jo mai...)?

8. Alguna vegada has participat en rituals satànics o assistit a concerts on Satanàs era el focus d'atenció?

9. Quines altres experiències espirituals has tingut que et causessin temor o confusió?

Un cop hagis completat la llista i les preguntes, confessa i renuncia a cada cosa en la que hagis participat mitjançant la següent pregària **en veu alta:**

*Senyor Jesús, confesso que he participat en aquestes pràctiques malignes (anomena específicament el que has marcat). Sé que són ofensives i dolentes davant teu. Gràcies pel teu perdó. Renuncio a cada una d'aquestes pràctiques malignes i decideixo creure que Satanàs ja no té cap dret sobre la meva vida per la meva participació en elles. En el nom de Jesús, **Amén.***

Si has participat en una religió falsa, necessites rebutjar creences i pràctiques específiques en les que hagis participat. Per exemple, si vas estar a la religió dels mormons, has de renunciar a la iniciació secreta i a les cerimònies de bateig i matrimoni pels morts en les que hagis participat. En cas de no estar segur de si certa pràctica és falsa o no ho és, considera que si Déu t'ho ha portat a la ment, pots estar gairebé segur que hi has de renunciar.

Una àrea que a vegades ha de ser explicada és la dels esperits sexuals. Els dimonis poden manifestar-se en somnis sexuals molt vívids o en fantasies, o com una presència demoníaca a l'habitació que estimula a la persona sexualment. En casos extrems poden ser de naturalesa repugnant. Si quan això va passar ho vas afrontar i vas resistir, no hi has de renunciar, ja que ser atacat no és un pecat. Si vas participar activament amb els esperits sexuals, llavors hi has de renunciar, així com també a qualsevol us sexual del teu cos com a instrument de maldat.

La llista de pràctiques espirituals no cristianes no és exhaustiva, de manera que quan acabis, pregunta-li al Senyor si hi ha alguna cosa més en les teves experiències passades a la qual has de renunciar. Deixa que l'Esperit Sant t'ho porti a la ment. Pot sorgir qualsevol cosa com: llibres, fotos, pel·lícules, música o altres objectes, costums, tradicions religioses, pregàries a ídols o àngels pels seus noms, ideologies com l'ateisme, agnosticisme, hedonisme o grups de control farisaic.

Hi ha persones que consideren que ja no hi ha remei però sí que n'hi ha, i per a tu també. Considera la següent il·lustració:

Si vingués a casa teva avui i piqués a la porta, primer aniries cap a la porta per veure qui hi ha. Després hauries d'escollir entre obrir la porta i deixar-me entrar, o deixar-la tancada i negar-me l'entrada. De la mateixa manera, quan l'enemic intenta envair teva ment amb mentides i acusacions, has de decidir: pots deixar que entrin aquells pensaments o pots negar-los l'entrada. Al "obrir la porta" a les mentides de l'enemic, simplement et mantens passiu, permetent que aquestes marquin la pauta dels teus pensaments. Al "tancar-los la porta" portes captiu tot pensament a l'obediència a Crist. Pots triar entre creure la veritat o creure en la mentida; pots decidir si la teva ment albergarà mals pensaments o si, al contrari, pensaràs en el que és més amorós, pur i correcte. Tu decideixes.

Has d'assumir la responsabilitat pels teus propis pensaments. Potser no t'has adonat de la passivitat que he tingut al donar cabuda als pensaments enganyosos. Algú potser ni s'hagi plantejat la possibilitat de desobeir al que està pensant. En certs casos difícils, es pot seguir sent bombardejat amb pensaments que sonen com veus a dins el cap. Si et passa això, considera la següent il·lustració:

> Has d'assumir la responsabilitat pels teus propis pensaments
> ∞

Suposem que estem intentant mantenir una conversa en un saló i el so de la música a través dels altaveus és molt fort, o el televisor està a tota potència. Si volem continuar amb la conversa, simplement haurem d'ignorar el soroll. De la mateixa manera pots decidir no fer cas d'aquelles veus o pensaments i declarar el que vols creure: "Sóc un fill de Déu i continuaré treballant amb els problemes per trobar la meva llibertat en Crist".

Quan exerceixes la teva autoritat en Crist d'aquesta manera, els símptomes disminueixen, però generalment no desapareixen del tot fins que acabes amb el darrer Pas. Recorda que són només pensaments i sorolls molestos que intenten distreure't.

Per completar aquest Pas a més a més hauràs d'eliminar les teves pertinences: llibres, fotos, materials, artefactes, música o qualsevol altre article o regal, que et puguin mantenir lligat a alguna pràctica de la llista. Aquests poden ser símbols d'aliança amb altres déus, i de ser així, són contraproduents quan caminem en el Regne de la llum. Segueix l'exemple que trobem a Fets 19:19, on se'ns narra com els creients es van desfer de qualsevol cosa associada a les tenebres. Al adonar-se que Satanàs podia continuar utilitzant els instruments de les seves antigues pràctiques religioses, públicament van destruir llibres que sumaven 50.000 vegades el valor d'un jornal, la qual és una quantitat inconcebible. Aquests creients del Nou Testament sacrificaven el que fes falta per desfer-se de la influència de Satanàs a les seves vides i per evitar que aquesta continués a les seves famílies.

TRIA LA VERITAT

A través dels Passos pot ser que discerneixis certs esdeveniments que van tenir un efecte contundent sobre la teva vida, o mentides específiques que vas creure. Espero que hi hagis renunciat instantàniament. Per exemple, una dona patia de temors persistents i d'angoixa per la seva tieta, que es dedicava a la bruixeria. La van ajudar a pregar dient: "Renuncio a qualsevol forma en la que Satanàs està utilitzant contra mi la meva relació amb la meva tieta. Rebutjo tot el que ella m'hagi dit o m'hagi fet, i qualsevol cosa que hagi fet en lloc meu. Et dono gràcies, Senyor, perquè no sóc víctima d'aquestes experiències. Sóc la teva filla, Déu, i sóc lliure per ser la persona que tu vas dissenyar".

Una altra dona va ser portada per la seva mare a una vida de prostitució. Quan era molt petita, una endevina li va dir: "Nena, tens una cara i un cos preciosos, que t'ajudaran a tirar endavant a la vida". La van guiar a renunciar a la falsa profetessa i a la mentida que utilitzaria la seva aparença i el seu cos per guanyar-se la vida. També se li va aconsellar que declarés la veritat que el seu cos és temple de l'Esperit Sant i que el Senyor supliria totes les seves necessitats. [55] Quan renunciïs a una mentida o a qualsevol experiència enganyosa, també et cal declarar la veritat que fa possible que caminis lliurement en Crist.

CAPÍTOL TRES
COM VÈNCER L'ENGANY (Pas 2)

La Júlia no només va demanar cita per fer els Passos, sinó que a més a més, va fer tot el possible per obtenir-la! Al començar la sessió es va fer evident el per què. Emocionada, va explicar la vida difícil que havia tingut, amb un pare alcohòlic i molt violent, abusos sexuals, pornografia, experiències demoníaques a la seva habitació, i control per part de líders legalistes de la seva església.

Va fer diligentment el primer Pas sobre l'orientació errònia, i això li va donar serenor a mesura que continuava amb el segon Pas. Al acabar aquest, va passar una cosa meravellosa: després de llegir les declaracions doctrinals, es va posar el llibre a la falda i se li van omplir els ulls de llàgrimes. Aclaparada per la veritat de qui era Déu i qui era ella en Crist, va dir: Caram! Això és increïble!

LA VERITAT ALLIBERA

El nostre Senyor acabava de prendre l'últim sopar amb els seus deixebles abans d'anar a la creu. Ell sabia quin era el seu destí i estava a punt de deixar els onze apòstols que havia escollit, els quals haurien d'enfrontar l'oposició del déu d'aquest món i continuar l'obra que Ell havia començat. Satanàs ja havia enganyat Judes, un dels deixebles, perquè traís a Crist.

Jesús es va dirigir al seu Pare i va pregar: "No et demano que els treguis d'aquest món, sinó que els preservis del Maligne" (Joan 17:15). La seva pregària va revelar com es pot assolir aquesta llibertat. "Consagra'ls en la veritat, que és la teva paraula".(v17).
Creure la veritat sobre Jesús, qui és, per a què va venir i qui som en Ell, és la base d'aquesta llibertat. Conèixer la veritat escrita a la Paraula de

Déu és la marca d'un deixeble. "Si us manteniu ferms en la meva paraula, realment sou deixebles meus; coneixereu la veritat, i la veritat us farà lliures".[56]

El coneixement de la veritat és la nostra primera línia de defensa contra el pare de les mentides. [57] Reconeixem aquesta veritat ben endins del nostre ésser,[58] perquè la fe veritable és més que un consentiment intel·lectual o una acumulació de coneixement. La veritat de Déu ha de penetrar els nostres cors, el centre del nostre ésser. Només així la seva veritat pot portar llibertat i produir canvis permanents dins nostre.

LA NECESSITAT DE SER HONESTOS

Hem estat cridats a dir la veritat amb amor i a caminar en la llum, la qual cosa vol dir que les nostres vides han de ser transparents davant de Déu i dels demés. Menys que això, és viure una mentida. El rei David estava vivint una farsa quan va encobrir el seu pecat amb Betsabè, i per això va patir molt. Finalment va trobar llibertat al reconèixer la veritat. I va escriure: "Feliç l'home... que dintre seu ja no manté l'engany".[59]

Les persones esclavitzades al pecat menteixen. Els bulímics menteixen sobre els seus tiberis i les seves purgues. Els alcohòlics amaguen la seva addicció i guarden la beguda en llocs secrets de casa seva. Els addictes sexuals poden ocultar el seu pecat durant anys. El primer pas en la recuperació és afrontar la veritat i deixar de negar-la.

L'únic que el cristià necessita admetre és la veritat. "Si afirmàvem que estem en comunió amb Ell, però de fet caminàvem en la fosca, mentiríem i no viuríem d'acord amb la veritat. Però si caminem en la llum, tal com Ell està en la llum, estem en comunió els uns amb els altres, i la sang de Jesús, el seu Fill, ens purifica de tot pecat."[60]

La raó principal per la qual la Júlia, la jove de la història del principi, va trobar tanta resolució, és que no va ocultar el seu pecat. Va estar disposada a caminar en la llum i a dir la veritat. I així va trobar perdó, neteja i llibertat. La veritat mai és un enemic; sempre és un amic alliberador. Jesús és la personificació perfecta de la veritat, la llum alliberadora, el millor amic que un home o una dona pot tenir. En Ell no existeixen les tenebres. Jesús és la veritat i Ell allibera les persones honestes.

SATANÀS, L'IMPOSTOR

Jesús va descriure Satanàs com el pare de la mentida. "Quan menteix, parla amb propietat, perquè és mentider i pare de la mentida".[61] Satanàs no pot parlar de la veritat perquè no hi ha veritat en ell, però si que pot distorsionar-la, arribant fins i tot a citar les Escriptures, tal com va fer quan va temptar Jesús.

Satanàs esclavitza les persones enganyant-les i cegant la ment dels incrèduls. [62] El seu poder està en la mentida i la lluita té lloc a la ment. Si aconsegueix enganyar el creient perquè cregui quelcom fals, el mantindrà impotent espiritualment. Ell no pot fer res respecte la nostra identitat i posició en Crist, però si aconsegueix fer-nos creure que això no és cert, viurem amb aquesta falsa creença. Quan les mentides es descobreixen, Satanàs perd el seu poder sobre el creient.

Per a molts que han estat enganyats durant anys, demanar-li al Senyor que reveli l'engany i expressar la veritat en les declaracions doctrinals al final d'aquest Pas, constitueix una experiència poderosa. Hi ha persones que guanyen en seguretat quan declaren la veritat. Si et sembla difícil llegir les declaracions doctrinals, completa abans els Passos i després torna a llegir-les, veuràs la diferència.

La majoria de cristians desitgen de tot cor viure vides justes però tenen un concepte de Déu distorsionat i ignoren la seva posició i identitat en Crist. Quan facis la declaració pública de fe, estaràs escollint la veritat de Déu sobre la seva naturalesa, el seu caràcter i el seu pla redemptor per a la teva vida.

COM ENFRONTAR L'ENGANY

La batalla és per la ment i Satanàs tergiversarà les Escriptures o ens dirà mitges veritats per enganyar-nos. De manera que hem de confiar en Déu, perquè ens mostri l'engany, recordant que les armes amb les que lluitem no són d'aquest món. Al contrari, son poderoses en Déu per a la destrucció de fortaleses. En aquest Pas farem servir la veritat per enderrocar "raonaments fal·laços i altiveses de tota mena que s'alcen contra el coneixement de Déu, fent presoneres les intel·ligències per portar-les a obeir el Crist".[63] Una dona estava fent aquest Pas, i de sobte va dir: "Saps què estic sentint ara?, Només és un pensament!, només això!, No he de creure més aquesta mentida!" Ella va entendre quina era la batalla i el pensament va perdre el poder sobre ella. Una altra dona va imprimir unes targetes i va començar a repartir-les. Hi posava: "D'on ha vingut aquest pensament? D'un Déu amorós?"

Si les veus, els sorolls o les rialles a la teva ment t'aclaparen, atura't i prega com ho vas fer al principi d'aquests Passos a la pàgina 24. Mantens el control al ignorar les distraccions i continuar amb els Passos, i en exposar les mentides i la batalla per la teva ment. No obtenim la veritat quan espantem les mosques (dimonis), sinó quan traiem fora la brossa (pecats).) La forma de vèncer al pare de la mentida, és escollir la veritat. No se'ns ha cridat a dissipar les tenebres, sinó a encendre el llum. La llibertat arriba progressivament a mesura que resolem els conflictes. El soroll al teu cap és només un intent de l'enemic de desviar-te del camí que et portarà a la llibertat. Si et sembla que no podràs continuar, prega en veu alta: "Renuncio a aquest atac, anuncio que el meu cos és temple de l'Esperit Sant i decideixo continuar buscant la meva llibertat".

> No obtenim la veritat quan espantem les mosques (dimonis), sinó quan traiem fora la brossa (pecats).
>
> ❧

La Marcia era una cristiana sincera que estava rebent una "pallissa mental" de mentides i acusacions. Havia arribat a creure que Déu no era un Déu bo, que no podia confiar-hi i que mai s'alliberaria del seu passat. Aquesta dona fràgil va rebre l'orientació necessària per fer els Passos, poc a poc i suaument, renunciant a totes les mentides a mesura que apareixien. Un dies després va escriure:

"Déu és diferent al concepte que jo tenia d'Ell, i decideixo confiar en la revelació que Déu m'ha donat de si mateix en la persona de Jesús. Sóc la seva filla i escullo creure que Ell em tractarà com ho faria un bon Pare. Sóc una persona nova. És un dia nou i espero amb anhel experimentar-lo com a nova criatura, lliure del meu passat".

COM SEGUIR EL SEGON PAS

Al primer Pas ens vam ocupar de l'orientació errònia. Al segon Pas podràs descobrir si has estat enganyat. Les Escriptures ens ensenyen que els darrers dies alguns apostataran (renegaran) de la fe, escoltant esperits enganyadors. [64] També podem ser enganyats pel món, enganyar-nos a nosaltres mateixos i defensar-nos equivocadament.

Necessitem l'ajuda de Déu per determinar si hi ha hagut un engany, així que demana-li que et guiï de la manera següent:

Estimat Pare Celestial, sé que tu vols que conegui la veritat, que cregui la veritat, que parli la veritat i que visqui d'acord amb la veritat. Gràcies perquè és la veritat la que em farà lliure. De moltes maneres he estat enganyat per Satanàs, el pare de mentida, i també m'he enganyat a mi mateix.

Pare, prego en el nom del Senyor Jesús, en virtut de la seva sang vessada i la seva resurrecció. Et demano que reprenguis tot esperit maligne que m'estigui enganyant. He decidit confiar únicament en Jesús per salvar-me, de manera que, en Crist, sóc el teu fill perdonat. Per tant, ja que m'acceptes tal com sóc, tinc la llibertat de plantar cara al meu pecat i de no intentar amagar-lo.

Demano que l'Esperit Sant em guiï a tota veritat. Si us plau, "examina'm per conèixer què desitjo. Mira que no vagi per camins d'idolatria i guia'm per camins eterns". (Salm 139:23,24) En el nom de Jesús, qui és la Veritat. Amén.

Considera en pregària les llistes dels tres exercicis següents, fent servir la pregària al final de cada exercici, per confessar qualsevol forma en que hagis cedit a l'engany o en que t'hagis defensat indegudament. No pots renovar la ment instantàniament, però el procés no comença sense reconèixer les forces mentals de l'enemic o els mecanismes de defensa, també anomenats patrons carnals de la ment.

MANERES EN LES QUALS EL MÓN ET POT ENGANYAR:

- ☐ Creure que obtenir diners i coses em portarà felicitat duradora (Mateu 13:22; 1 Timoteu 6:10)
- ☐ Creure que el menjar i/o l'alcohol en excés poden alleujar el meu estrès i donar-me felicitat (Proverbis 23:19-21)
- ☐ Creure que amb un cos atractiu i una personalitat encantadora aconseguiré el que necessito (Proverbis 31:30; 1 Pere 3:3-4)

- ☐ Creure que satisfer el desig sexual em portarà felicitat duradora (Efesis 4:22; 1 Pere 2:11)
- ☐ Creure que puc pecar sense que hi hagi cap conseqüència negativa (Hebreus 3:12-13)
- ☐ Creure que necessito més del que Déu m'ha donat en Crist (2 Corintis 11:2-4, 13-15)
- ☐ Creure que puc fer el que vulgui, sense que ningú em pugui tocar (Proverbis 16:18; Abdies 3; 1 Pere 5:5)
- ☐ Creure que les persones que rebutgen Crist igualment aniran al cel (1 Corintis 6:9-11)
- ☐ Creure que em puc associar amb males companyies sense corrompre'm (1 Corintis 15:33-34)
- ☐ Creure que no hi ha conseqüències del meu pecat a la terra (Gàlates 6:7-8)
- ☐ Creure que necessito l'aprovació de certes persones per ser feliç (Gàlates 1:10)
- ☐ Creure que he d'assolir certes fites per sentir-me bé amb mi mateix (Gàlates 3:2-3, 5-1)

Senyor, confesso que he estat enganyat per (confessa els punts que has marcat). T'agraeixo el teu perdó i em comprometo a creure únicament la teva veritat. En el nom de Jesús. **Amén.**

MANERES D'ENGANYAR-TE A TU MATEIX:

- ☐ Sentir la Paraula de Déu, però no fer cas del que diu (Jaume 1:22)
- ☐ Dir que no tinc pecat (1 Joan 1:8)
- ☐ Creure que sóc una cosa que en realitat no sóc (Gàlates 6:3)
- ☐ Creure que sóc savi en aquest món (1 Corintis 3:18-19)
- ☐ Creure que puc ser religiós però no posar fre a la meva llengua (Jaume 1:26)

Senyor, confesso que m'he enganyat a mi mateix (confessa els punts que has marcat). T'agraeixo el teu perdó i em comprometo a creure únicament la teva veritat. En el nom de Jesús. Amén.

MANERES DE DEFENSAR-TE EQUIVOCADAMENT:

☐ Negació de la realitat (conscient o inconscient)

☐ Fantasies (evitar la realitat somiant despert, TV, pel·lícules, música, videojocs, drogues, alcohol, etc.)

☐ Aïllament emocional (allunyar-me de la gent o mantenir-me distant per evitar el rebuig)

☐ Regressió (tornar a temps passats menys dolorosos)

☐ Enuig desplaçat (descarregar frustracions contra persones innocents)

☐ Projecció (culpar altres dels meus problemes)

☐ Racionalització (crear excuses per la meva mala conducta)

☐ Hipocresia (donar una imatge falsa)

Senyor, confesso que m'he defensat equivocadament mitjançant (confessa els punts que has marcat). Gràcies pel teu perdó. Ara em comprometo a confiar que tu em defensaràs i em protegiràs. En el nom de Jesús. Amén.

Les tàctiques equivocades que hem fet servir per protegir-nos del dolor i del rebuig sovint estan profundament arrelades a les nostres vides. Potser necessites discipulat o conselleria addicional per aprendre a deixar que Crist sigui la teva roca, la teva fortalesa, el teu llibertador i el teu refugi. Contra més entenguis quant d'amorós, poderós i protector és Déu, més fàcil et resultarà confiar en Ell. A mesura que entenguis com t'accepta totalment en Crist et serà més fàcil ser franc, sincer i vulnerable (de manera sana) davant Déu i els demés.

El moviment de la Nova Era ha distorsionat el concepte de la fe ensenyant que si creiem en alguna cosa ho convertim en realitat. Això és fals. No podem crear la veritat amb la ment, només Déu pot fer això. La nostra responsabilitat és afrontar la realitat i creure el que Déu diu que és veritat. La veritable fe bíblica, per tant, decideix creure i actuar en base a la veritat, perquè Déu diu què és veritat i que Ell és la Veritat. Tens fe perquè decideixes creure no perquè "en tens ganes" o "et ve de gust" creure. Creure en quelcom no ho converteix en realitat sinó a l'inrevés – és la veritat, conseqüentment, decidim creureu-ho! La veritat no depèn del que creiem o no creiem.

Tot el món viu per fe. L'única diferència entre la fe cristiana i la que no ho és, és l'objecte d'aquesta fe. Si l'objecte d'aquesta fe no és digne de confiança, no hi ha fe gran o petita que pugui canviar les coses. Per això la nostra fe ha d'estar fonamentada sobre la roca sòlida del caràcter perfecte i immutable de Déu i la veritat de la seva Paraula. Durant dos mil anys els cristians han entès la importància de declarar la veritat de forma verbal i pública. Llegeix en veu alta les següents Declaracions de la Veritat i reflexiona amb cura el que estàs dient. Potser et resultarà útil llegir-les en veu alta diàriament durant unes setmanes, perquè t'ajudarà a renovar la ment en la veritat.

DECLARACIONS DE LA VERITAT

1. **Reconec** que hi ha un sol Déu viu i veritable, que existeix com a Pare, Fill i Esperit Sant. Ell és digne de tota honra, lloança i glòria com l'únic que ho va crear tot i ho sosté tot. (Èxode 20:2-3; Colossencs 1:16-17)

2. **Reconec** a Jesucrist com el Messies, el Verb que es va fer carn i que va habitar entre nosaltres. Crec que Ell va venir per desfer les obres del diable, que va desposseir als principats i potestats, que els va exhibir públicament i que va triomfar sobre ells. (Joan 1:1-14; Colossencs 2:15; 1 Joan 3:8)

3. **Crec** que Déu va demostrar el seu amor per mi en què, quan jo encara era pecador, Crist va morir per mi. Crec que Ell m'ha alliberat del domini de les tenebres i m'ha transferit al seu regne, i que en Ell tinc redempció, el perdó dels pecats. (Romans 5:8; Colossencs 1:13-14)

4. **Crec** que ara sóc fill de Déu i que estic assegut amb Crist als llocs celestials. Crec que vaig ser salvat per la gràcia de Déu mitjançant la fe, la qual cosa va ser un regal i no el resultat de les meves obres. (Efesis 2:6, 8:9; 1 Joan 3:1-3)

5. **Decideixo** ser fort en el Senyor i en la força del seu poder. No poso la meva confiança en el món perquè les armes per aquesta guerra no són humanes sinó que tenen el poder diví per enderrocar

fortaleses. Em poso tota l'armadura de Déu. Decideixo mantenir-me ferm en la fe i resistir el maligne. (2 Corintis 10:4; Efesis 6:10-20; Filipencs 3:3)

6. **Crec** que separat de Crist no puc fer res, per això declaro la meva total dependència en Ell. Decideixo romandre en Crist per portar molt de fruit i glorificar el meu Pare. Declaro a Satanàs que Jesús és el meu Senyor. Rebutjo tota obra o do enganyós de Satanàs a la meva vida. (Juan 15:5; 8; 1 Corintis 12:3)

7. **Crec** que la veritat em farà lliure i que Jesús és la veritat. Si Ell m'allibera seré lliure de veritat. Reconec que caminar en la llum és l'únic camí de veritable comunió entre Déu i l'home. Per tant, m'oposo a tot engany de Satanàs, portant captiu tot pensament perquè se sotmeti a Crist. Declaro que la Bíblia és l'única norma de fe i conducta. (Joan 8:32,36; 14:6; 2 Corintis 10:5; 2 Timoteu 3:15-17; 1 Joan 1:3-7)

8. **Decideixo** presentar el meu cos a Déu com a sacrifici viu i sant i els membres del meu cos com a instruments de justícia. Decideixo renovar la meva ment amb la Paraula viva de Déu per comprovar que la voluntat de Déu és bona, agradable i perfecta. Em despullo de l'home vell, amb les seves pràctiques malignes i em vesteixo de l'home nou. M'afermo com a nova criatura en Crist. (Romans 6:13; 12:1-2; 2 Corintis 5:17; Colossencs 3:9-10)

9. **Per fe, decideixo** ser ple de l'Esperit per ser guiat a tota veritat. Resolc caminar en l'Esperit i no satisfer els desigs mundans. (Joan 16:13; Gàlates 5:16; Efesis 5:18)

10. **Renuncio** a tot propòsit egoista i escullo el designi suprem de l'amor. Decideixo obeir els dos manaments més grans: estimar el Senyor, el meu Déu, amb tot el meu cor, tota la meva ànima, tota la meva ment i totes les meves forces, i estimar el proïsme com a mi mateix. (Mateu 22:37-39; 1 Timoteu 1:5)

11. **Crec** que el Senyor Jesús té tota autoritat al cel i a la terra i que està sobre tot govern i autoritat. Estic complet en Ell. Crec que Satanàs i els seus dimonis estan subjectats a mi en Crist, ja que sóc membre del Cos de Crist. Per tant, ordeno a Satanàs

> Necessites assumir la responsabilitat d'escollir la veritat malgrat com et sentis.
>
> ෨

en el nom de Jesucrist que marxi de la meva presència. (Mateu 28:18; Efesis 1:19-23; Colossencs 2:10; Jaume 4:7)

No hi ha cap forma de renovar la nostra ment instantàniament. Hem après els mecanismes de defensa i els patrons carnals a través dels anys i desaprendre'ls porta temps. El propòsit d'aquest Pas és identificar les maneres com has estat enganyat i exposar els pensaments i creences que no són sans. Revela les àrees en les que necessites creure. No ets un cas perdut ni tampoc necessites que algú pensi o cregui per tu. Mentides així es repeteixen una vegada i una altra a la ment de la gent. Necessites assumir la responsabilitat d'escollir la veritat malgrat com et sentis.

Suposem que hi ha un camí de terra que arriba a una masia. Si condueixes sovint per aquest camí amb el temps deixaràs empremtes. El sol les assecarà i s'enduriran com el ciment. El més fàcil és deixar que el cotxe navegui per les empremtes. Si desitges sortir-ne, notaràs immediatament la resistència del volant i com els pneumàtics intenten tornar al camí establert. Per sortir-ne farà falta més d'un sol intent; necessitaràs estar totalment compromès i disposat a prendre decisions deliberades que canviïn el rumb. De la mateixa manera, si ja no desitges ser controlat per les fortaleses o "el pensament d'empremtes" que el món, la carn i el diable han posat a la teva ment durant anys necessites comprometre't a trencar aquestes fortaleses i prendre decisions deliberades que estiguin basades en la veritat de la Paraula de Déu. Tu decideixes; no deixis que el teu patró antic de pensar passivament decideixi per tu. Pren tot pensament captiu a l'obediència de Crist i escull la seva veritat. Així és com renovem la ment –coneixent i escollint la veritat, i permetent que la Paraula de Déu habiti en abundància en nosaltres. (Romans 12:2; Filipencs 4:8; Colossencs 3:16)

COM DESCOBRIR LES MENTIDES I AFIRMAR LA VERITAT

Una dona va escriure: "Haver fet els Passos cap a la Llibertat en Crist ha estat la part més emocionant del meu caminar cristià". Havia estat lluitant amb veus i crits dins el seu cap, malsons i aparicions a la seva habitació; i un engany molt fort a través de mentides i condemnació. Va reconèixer: "No he estat disposada a prendre la responsabilitat dels meus propis pensaments. He volgut ajuda externa sense voler fer res per mi mateixa". En una carta que li va escriure a Jesús, va dir: "Confesso la meva incredulitat, el meu egoisme, els meus pensaments obsessius. I renuncio a les mentides que em poden destruir i incapacitar. Et demano el teu perdó i abandono tot pensament que pugui destruir la veritat que està en mi". Va adjuntar a la seva carta sis pàgines plenes de mentides que havia cregut, acompanyades de versets bíblics que exposaven aquestes mentides i afirmaven la veritat.

La mateixa dona em va escriure aquesta carta després d'acabar els Passos cap a la Llibertat:

Al reflexionar i sospesar el que va passar a la teva oficina a la presència de Déu, m'impacta el que Crist ha fet. No es va limitar a trencar els lligams espirituals amb els que jo havia estat involucrada. També va tocar parts més profundes, allà on estava convençuda que m'havia convertit en la meuca, prostituta, ramera, la "malvada", la "bruixa" que la meva mare i el meu pare sempre m'acusaven de ser.

Enfrontar la realitat d'aquesta veritat, o més aviat les mentides que havia cregut sobre mi mateixa, ha sigut més del que mai hagués pensat que Déu pogués netejar o redimir. No podia escapar de la vergonya ni podia perdonar-me per la meva participació voluntària. Va ser més fàcil renunciar a les violacions, perquè no les havia escollit jo.

A mesura que he continuat renunciant a aquells actes sexuals i a creure que m'havia convertit en la personificació de la maldat en la que participava, serà possible que el Senyor em netegi l'expedient? Que canviï la meva vida? Que ja no m'identifiqui amb els noms que el meu pare terrenal em va donar? Que sigui veritablement una persona nova en Crist? I que sigui netejada completament? Sempre m'havia considerat una prostituta i una adúltera que només feia nosa a l'església i que mai podria prendre una responsabilitat o un ministeri degut a tenir un passat tant fosc.

És com si Déu hagués aplicat una esponja enorme a la part maltractada i sagnant del meu passat (que era el meu lligam més gran), i hagués absorbit tota la sang, tot el dolor i totes les mentides. I al treure tot allò fora de mi, em va deixar nova, lliure i neta en Ell. Ja no he de lluitar més amb el pes d'aquell pecat perquè ha estat perdonat, clavat a la creu per la sang de Jesús.

He sigut conscient de totes les mentides a la meva ment i he volgut creure que la Paraula de Déu és veritat. Avui se que ho és dins el meu cor i el meu esperit. Mentre renunciava a totes aquelles coses, vaig pensar: com em poden alliberar aquestes paraules? I al mateix temps: com no ho podrien fer? Elles són el poder de Déu.

Avui dia, no només crec que Déu m'ha netejat. Sé que estic neta! No només crec que Déu m'alliberarà del passat, Sé que sóc lliure! He deixar de ser la filla del meu pare, el seu objecte sexual. He deixat de ser l'amant d'un altre home. He deixat de ser la personificació de la maldat en la que vaig participar. Sóc la filla del Rei, cridada i escollida per Ell. Neta, perdonada, feta nova per viure a la seva família per sempre. Lliure per estimar i servir i tenir una relació amb Ell i amb l'església, per ser la persona que Ell m'ha cridat a ser. Lloat sigui el seu nom!

CAPÍTOL QUATRE
COM VÈNCER L'ESCLAVITUD A L'AMARGOR [Pas 3]

Aquells qui han ajudat altres a experimentar la seva llibertat en Crist, poden testificar que el perdó és el problema principal a resoldre. La falta de perdó en cristians ofereix a Satanàs la porta d'accés més gran a l'Església; i molts creients continuen lligats al passat perquè no han perdonat als altres com Crist els va perdonar a ells.

PER QUÈ ENS RESISTIM AL PERDÓ

Algunes persones reaccionen negativament a la idea de perdonar els altres perquè ho veuen com una altra forma de victimització, és a dir, que va en contra del seu sentit de justícia. Per tant pensen: "Segur que si el perdono seguirà abusant de mi!" Ho veuen com un senyal de debilitat, de continuar la roda malaltissa de la codependència.

Però ben al contrari, perdonar és una acte de valor que reflecteix la gràcia de Déu. Perdonar no significa tolerar el pecat. Déu perdona però no tolera el pecat. Per tant, cal establir límits bíblics per impedir l'abús continuat. Perdones els altres pel teu propi benefici; i resulta més fàcil quan entens què significa i com fer-ho.

> Perdones els altres pel teu propi benefici...
>
> ❧

Hi ha qui no vol perdonar perquè el seu desig és venjar-se. Buscar venjança és cedir als plans del diable. Això et situa al mateix nivell que el teu ofensor i li usurpa a Déu el paper d'executar justícia. Pau escriu: "Estimats, no us prengueu la justícia per la vostra mà; deixeu que actuï la indignació divina, tal com diu l'Escriptura: A mi em toca de passar comptes, jo donaré la paga, diu el Senyor".[65] Altres només desitgen la pura satisfacció d'odiar al miserable que els ha fet mal. Però aferrar-se a l'amargor únicament emmalalteix l'ànima. Intentar encobrir-ho no enganya a ningú i molt menys a nosaltres mateixos, perquè "el cor de cadascú coneix la joia i la pena".[66]

Ningú nega que t'hagin ferit. Hi ha persones que han estat ferides severament. Després d'haver ajudat centenars de persones a superar els seus records dolorosos sobre atrocitats increïbles, el meu cor es commou en extrem per les víctimes. Cada vegada que he treballat amb persones abusades he estat a punt de plorar. Fins i tot després d'escoltar tantes històries, em costa creure la crueltat de la qual som capaços els éssers humans.

A l'inici d'aquest ministeri, vaig passar una temporada de recerca profunda dins la meva ànima. No volia escoltar més històries nefastes. De fet, avui dia no crec que les pogués escoltar si no tinguessin solució. El que m'anima a continuar és veure la llibertat que rep la gent després de treballar a través dels Passos i perdonar de tot cor. Li dono gràcies al Senyor perquè hi ha resposta per les persones que han estat ferides.

...hi ha la resposta per a les persones que han estat ferides.

જ્

Els he dit a centenars de persones en sessions de conselleria i t'ho dic també a tu: "sento molt el que t'ha passat". En lloc de tenir un pare que et protegís i et cuidés, vas tenir-ne un que va abusar de tu física, verbal i sexualment. En lloc d'una mare que et consolés i t'animés, vas tenir una mare que et maltractava verbalment. En lloc d'un pastor que et guiés, vas tenir-ne un de legalista que va intentar controlar-te sota un núvol de condemnació. El que vas pensar que seria una cita romàntica, va acabar sent una violació.

La gran majoria d'agressors mai tornaran per demanar-te perdó. Ni tant sols reconeixeran que van obrar malament. Això dificulta encara més el perdó perquè la víctima sent que el culpable se'n va sortir amb la seva. Pot ser que estiguis patint les conseqüències del pecat d'un agressor i que ell ni tan sols reconegui que va pecar contra tu. A totes les dones lectores vull reconèixer i demanar disculpes per la forma en que nosaltres, els homes, us hem mirat, com si fóssiu objectes sexuals i per la forma que us hem tocat i agredit. Com a pare, marit i home, us demano perdó. Ens podeu perdonar? No va ser culpa vostra i no vau fer res per merèixer-ho. Nosaltres som els qui estem malalts. Com a pare i avi, vull demanar-vos a totes les que esteu llegint aquest llibre que ens perdoneu com a pares, per no haver-vos abraçat, protegit i no haver cregut en vosaltres. Ens podeu perdonar? Pel vostre propi bé?

COM SEGUIR EL TERCER PAS

T'animo a demanar-li a Déu que et recordi quines persones has de perdonar, i després t'explicaré el que vol dir perdonar i com ho pots fer. En la pregària següent, demanaràs pels noms de les persones que has de perdonar.

Estimat Pare celestial, et dono gràcies per la riquesa de la teva bondat, paciència i tolerància cap a mi, doncs sé que la teva bondat em porta al penediment. Confesso que no he mostrat la mateixa bondat i paciència cap a aquells qui m'han ferit o ofès. Al contrari, he guardat la ira, l'amargor i el ressentiment cap a ells. Si us plau, porta a la meva ment totes les persones a qui he de perdonar, per fer-ho ara. En el nom de Jesús. Amén. (Romans 2:4).

FER UNA LLISTA

Quan acabis la pregària, en un full a part, fes una llista de persones que et vinguin a la memòria. Prop del noranta per cent de les vegades, els primers que es mencionen són els pares. Els primers noms que et vinguin a la ment generalment seran els qui t'hagin causat més dolor. Altres poden caure en la temptació de pensar: "No tinc a qui perdonar".

Això és molt poc probable ja que tots hem patit a mans d'una altra persona. Escriu els noms que et vinguin a la ment en aquest moment. El Senyor desitja que tinguis una vida lliure en Ell però no serà possible si l'amargor et manté esclavitzat al passat. Ell t'ha ordenat que perdonis pel teu propi bé així que Ell et farà recordar aquelles persones i moments als quals estàs encadenat per la falta de perdó. Quan perdones, allliberes el captiu i aleshores te n'adones que el captiu eres tu. Quins familiars has de perdonar? mestres? caps? amics? companys de feina? líders de l'església?

> Quan perdones, allliberes al captiu, i llavors t'adonaràs que el captiu eres tu...
>
> ଚ୦

47

TRACTAR AMB UN MATEIX I AMB DÉU

Hi ha dos noms que son passats per alt quasi sempre: un mateix i Déu. En molts casos, la ira contra un mateix o contra Déu és més gran que qualsevol altra. El diable utilitza la nostra ignorància sobre qui és Déu i els seus camins, així com també sobre la nostra irresponsabilitat, per bombardejar-nos amb pensaments com aquests: "Déu no t'ajudarà. Ell no t'estima. Com pots dir-te cristià i portar-te així?" "mira què dèbil i impotent ets". Els qui lluiten amb pensaments com aquests estan enfadats amb si mateixos i/o amb Déu i desil·lusionats amb la vida cristiana.

El concepte de "deixar anar" la ira, la culpa i la condemnació cap a un mateix és quelcom que molts mai han considerat. Aquests sentiments sorgeixen de la nostra incomprensió de com Déu ens ha netejat i perdonat. Només Déu pot perdonar els nostres pecats, els quals ens separen d'Ell, i així ho han fet. Però nosaltres hem de perdonar-nos pels nostres fracassos, per fallar a Déu i per ferir els altres. D'altra manera creurem la mentida que hem d'expiar els nostres propis pecats.

Els creients paralitzats per la condemnació són víctimes de l'acusador dels germans (Satanàs), o de la seva pròpia consciència equivocada, enlloc d'escoltar la veritat de la gràcia de Déu. La consciència equivocada és una culpa psicològica, el producte de viure durant anys sota creences religioses legalistes que sostenen que rebem el que mereixem. Aquestes persones viuen com si la mort de Crist no hagués estat suficient per cobrir els seus pecats. Encara que poguessis ser crucificat no aconseguiries res de res. L'apòstol Pau ens en va advertir quan va dir: "I que tampoc no us privi de la victòria final ningú dels qui es complauen a sotmetre's als àngels i a donar-los culte".[67]

Perdonar-te a tu mateix no demostra arrogància perquè tu no estàs "guanyant" aquest perdó. Només Déu pot perdonar els nostres pecats a través del seu Fill. Perdonar-nos a nosaltres mateixos en realitat és acceptar el perdó de Déu. Perdonar-nos és dir-li a Déu: "Senyor, crec que m'has perdonat i que m'has netejat dels meus pecats. Pel teu gran amor i gràcia (no perquè jo m'ho mereixi) escullo no condemnar-me més perquè tu m'has perdonat. Rebo el teu perdó i la teva neteja".

DEIXAR ANAR L'AMARGOR CAP A DÉU

L'amargor cap a Déu és molt més comuna del que molts voldrien admetre. Però quan són honestos sobre la seva ira contra Déu una altra fortalesa comença a ensorrar-se. Pensen que Déu ha sigut injust, o que els ha fallat al no contestar una pregària important, per permetre que patissin sense rescatar-los, per no atorgar-los certa benedicció, aparença, dons, habilitats, èxits o seguretat econòmica...

Evidentment, Déu no necessita ser perdonat perquè Ell no pot cometre cap pecat d'acció ni d'omissió. Però hem de destruir "altiveses de tota mena que s'alcen contra el coneixement de Déu, fent presoneres les intel·ligències per portar-les a obeir el Crist".[68] L'estratègia de Satanàs és posar-nos en contra de Déu provocant pensaments en contra seva. Aquests pensaments enganyosos sovint són semblants a: "Déu no m'estima", "no farà res per ajudar-me", i fan que ens rebel·lem contra la seva potestat. Derrotem Satanàs quan alliberem Déu de les nostres expectatives falses i deixem d'acusar-lo dels nostres fracassos i del fracàs de l'Església en capacitar adequadament als sants perquè visquin una vida alliberada en Crist.

Sovint les persones es permeten perdonar als altres, no pel que els hi van fer sinó pel que creuen que els hi van fer. L'amargor no sempre està basada en la realitat sinó en com la percebem. Hi ha qui col·loca el nom del seu pastor a la seva llista per raons estúpides com "no va contestar el telèfon quan el vaig trucar". Però, hauria contestat si hagués estat a casa! El pastor no va fer res dolent, però la persona va pensar que sí i per això ara necessita perdonar-lo. Les arrels d'amargor broten i molts es contaminen [69] degut a malentesos.

PENSAMENTS QUE S'ALCEN CONTRA DÉU

Per tot això, no és una blasfèmia "perdonar" Déu perquè l'amargor no es basa en la realitat sinó en pensaments que s'alcen contra el coneixement d'Ell. Déu entén aquest concepte molt millor que nosaltres perquè només Ell coneix els pensaments i les intencions del nostre cor. L'única forma de vèncer l'amargor és perdonar.

Quan les persones s'enfronten a la seva amargor cap a Déu immediatament reconeixen que Déu no ha fet res de dolent. Defensar Déu no t'ajudarà a superar l'amargor cap a Ell. Primer, Déu no necessita ser defensat. Segon, el perdó comença allà on ets. Aconsellar a algú que

49

no senti el que està sentint cap a Déu o cap a altres persones no serveix de res. No poden canviar el que senten. Subtilment estaríem rebutjant-los al no acceptar o reconèixer les seves frustracions i el seu dolor. Si et sents incòmode "perdonant" Déu, pots pregar de la següent manera: "Senyor, sé que no has fet res de dolent, però desitjo penedir-me de la ira que he sentit cap a tu per..." És necessari enfrontar els sentiments d'enuig o no serà beneficiós continuar ja que Déu és la teva única esperança.

La majoria de persones no se sotmetran a Déu si senten amargor cap a Ell o si pensen que no hi poden confiar. Et puc dir per experiència pròpia que enfrontar l'amargor cap a Déu i resoldre-la produeix sanació i restauració. Job és un bon exemple d'un creient que es va penedir de la seva ira cap a Déu: "Per això ara em retracto, penedit sobre la pols i la cendra".[70] Perdonar els altres no és una activitat d'autosuficiència ni un exercici de recerca de culpables sinó una experiència d'humilitat i sanació que desafia el dolor i l'odi i escull el camí de la Creu.

RENUNCIAR AL NOSTRE DRET DE CULPAR ELS ALTRES

Algunes persones gestionen el seu dolor emocional assenyalant als altres: "em va violar" o "estic patint per culpa d'aquesta persona". Encara que sigui cert això no resol el problema. Culpar un altre pot ser una forma de cobrir la teva pròpia culpa o bé revela un cor més propens a venjar-se que a perdonar.

Culpar una altra persona pot ser simplement una excusa per mantenir-se com a esclau de l'amargor. La raó per la qual molts encara senten el dolor emocional del passat és no haver perdonat. Sento empatia per ells perquè han estat ferits. Però també m'importen suficientment com per voler ajudar-los a adonar-se que a gent bona li passen coses dolentes cada dia i els hi pot tornar a passar. No puc garantir que una dona no serà violada però puc dir que Déu té els mitjans perquè aquest succés no la controli durant la resta de la seva vida. Ningú pot arreglar el teu passat però per la gràcia de Déu pots ser-ne lliure.

El perdó és una acte de la voluntat mitjançant la qual renunciem al dret de venjar-nos per una ofensa comesa en contra nostra. Déu hagués pogut justificar la seva ira contra tota la humanitat però en canvi, "al qui no havia experimentat el pecat, Déu, per nosaltres, li va carregar el pecat, perquè gràcies a Ell experimentéssim la seva justícia salvadora".[71] Va ser difícil per a Jesús acceptar la voluntat del seu Pare? A Pere, Jaume i Joan els hi va dir: "Sento a l'ànima una tristor de mort".[72] i va clamar: "Pare meu, si és possible, que aquesta copa s'allunyi de mi. Però que no es faci com jo vull, sinó com tu vols". La voluntat del nostre Pare celestial era que Jesús anés a la creu però la gràcia de Déu era molt evident en mig de la seva agonia. Quan Jesús va mirar els qui l'anaven a crucificar, va dir: "Pare, perdona'ls, que no saben el que fan".[73]

La creu revela el preu del perdó i el dolor de suportar el càstig del pecat d'un altre. A la Creu, Jesús va morir una vegada per tots els pecats del món.[74] Això vol dir que Ell va pagar la pena dels meus pecats, els teus pecats i de tots els pecats que altres persones hagin comés en aquest contra els seus semblants. La víctima reclama: "On és la justícia?" És a la Creu. L'acte de perdonar els altres sense la Creu seria una atrocitat moral.

De la mateixa manera que Déu ens ha perdonat, Ell desitja que perdonem altres: "Llanceu lluny de vosaltres l'amargor, l'enfuriment, la ira, els crits, les injúries i tota mena de dolenteria. Sigueu bondadosos i afectuosos els uns amb els altres, i perdoneu-vos tal com Déu us ha perdonat en Crist".[75] Quan t'enfrontes a la realitat de perdonar els altres pots estar segur que la gràcia de Déu sempre et capacitarà per fer la seva voluntat.

Molts cristians intenten perdonar una vegada i una altra, però continuen ferits i confosos. No han comprès com perdonar de cor, o no han acabat els Passos per així completar el procés. Perdonar de cor és una part del sotmetiment a Déu però necessitaràs la resta dels Passos abans d'estar llest per resistir el diable. Les persones guanyen una gran batalla en aquest Pas, però la llibertat completa no acostuma a arribar fins a l'últim Pas.

IMPEDIR QUE SATANÀS SE N'APROFITI

Una de les ensenyances més contundents sobre el perdó la trobem a Mateu 18:21-35. D'aquest passatge en podem destacar diversos. Primer, ens cal continuar perdonant cada cop que pequin contra nosaltres. Segon, la mesura amb què Déu ens perdona és molt més alta que la mesura amb la que serem cridats a perdonar els altres. Tercer, és impossible retribuir. Quart, cal perdonar de cor; en cas contrari, patirem les conseqüències: ser torturats per l'acusador dels germans. Si no perdonem com hem estat perdonats, el nostre Pare celestial ens entregarà a mans dels torturadors (veure versets 34 i 35). Això no es deu a que no ens estimi sinó a que no desitja que visquem sota l'esclavitud de l'amargor. Ell desitja que visquem vides lliures i productives en Crist. Déu disciplina a qui estima.

Pau ens adverteix del perill de caure en mans de Satanàs quan ens neguem a perdonar: "Jo perdono tothom a qui vosaltres perdoneu; fins i tot quan he perdonat a qui calia que perdonés, ho he fet per vosaltres, en presència de Crist. No volem pas que Satanàs en tregui partit, que ja coneixem massa les seves intencions".[76] No hem de pecar quan estem enfadats, perquè això també li dóna avantatge al diable. [77]

JUSTÍCIA, MISERICÒRDIA I GRÀCIA

Considera aquestes definicions senzilles de justícia, misericòrdia i gràcia respecte a les relacions personals: Justícia és donar a les persones el que es mereixen. Si Déu ens tractés amb justícia absoluta, tots aniríem a l'infern. Déu és un Déu just i: "la paga del pecat és la mort".[78]

Misericòrdia significa no donar a les persones el que es mereixen. "Però ara Déu, salvador nostre, ha manifestat la seva bondat i el seu amor als homes. Ell ens ha salvat no per les bones obres que podíem haver fet, sinó en virtut del seu amor."[79] La justícia s'havia de dur a terme, de manera que Jesús va rebre la ira de Déu en lloc nostre.

La gràcia és donar-nos el que no mereixem: "És per la gràcia que heu estat salvats per mitjà de la fe".[80] El perdó i la vida eterna són regals gratuïts que Déu ens ha donat.

De manera que el Senyor ens mana: "Sigueu misericordiosos com el vostre Pare és misericordiós."[81] No donis als altres el que es mereixen (sigues misericordiós); sinó el que no es mereixen (ofereix gràcia). Déu ens ha cridat a estimar els altres, no perquè siguin encantadors o mereixin ser estimats, sinó perquè així som "partícips de la naturalesa divina".[82] Déu ens estima perquè estimar-nos forma part de la seva naturalesa: "Déu és amor".[83] "Tothom coneixerà que sou deixebles meus per l'amor que us tindreu entre vosaltres".[84] Aquesta habilitat d'estimar-nos els uns als altres ens ve donada només per la gràcia de Déu, i, de la mateixa manera, ens és donada l'habilitat de perdonar com hem estat perdonats.

La paraula més comuna en el grec traduïda com 'perdó' al Nou

Testament bàsicament significa acomiadar o deixar anar. Quan perdonem acomiadem el diable perquè no ens turmenti més i deixem anar el passat perquè no ens esclavitzi més. Perdonant de cor ens alliberem del dolor de la ira.

EL QUE CAL EVITAR

Hi ha dos grans errors que convé evitar al tractar el tema del perdó. El primer és més comú entre psicòlegs i consellers, degut a la influència del món secular. Ells ensenyen que el perdó és un procés i diuen a la gent que no estan preparades per perdonar, que abans els cal repassar tots els records dolorosos i aleshores podran perdonar. El problema és que aquest moment no arriba mai. Repassar una vegada i una altra els records dolorosos només profunditza les ferides i reforça l'abús. El missatge que hi ha implícit és que cal sanar-se per poder perdonar, però en realitat és el contrari: perdonem per poder-nos sanar.

L'altre error és més freqüent entre gent d'església. Un cas extrem podria ser així: "No has de sentir-te així; només necessites perdonar", però amb aquesta frase s'està eludint el perdó. Ens cal perdonar de cor. Perdonar és una decisió difícil que inclou: (1) permetre a Déu portar-nos a la ment els noms de les persones que ens han ofès i els records dolorosos; (2) acceptar que viurem amb les conseqüències del pecat d'una altra persona sense buscar venjança; i (3) deixar que el Senyor tracti amb l'ofensor a la seva manera i en el seu temps.

Tot perdó és substitutiu. És a dir, Crist va pagar el preu dels nostres pecats i nosaltres paguem el preu pels que pequen contra nosaltres. En un sentit pràctic, perdonar és acceptar que viurem amb les conseqüències del pecat d'un altre. "Però això no és just", podries dir. Evidentment que no ho és, però de tota manera ho haurem de fer. Tots vivim amb les conseqüències del pecat d'una altra persona, de la mateixa manera que vivim amb les conseqüències del pecat d'Adam. Tenim l'opció de fer-ho esclavitzats per l'amargor o alliberats pel perdó.

...perdonar és acceptar que viurem amb les conseqüències del pecat d'un altre.

സ

COM ARRIBAR AL CENTRE EMOCIONAL

Al pregar per la llista de noms, atura't en cadascun d'ells fins a estar segur d'haver tractat tot record dolorós; el que ell/ella et va fer, com et va ferir, com et va fer sentir (rebutjat, indigne, brut, etc.). Aquest procés és important perquè enfrontant específicament cada dany arribem al centre emocional (on es va fer el mal i no es produeix la curació). Si es perdona superficialment els resultats de llibertat i curació també seran superficials.

Moltes persones han desitjat perdonar sincerament però no han pogut perquè no han entès quina és la veritable font de la seva amargor i les mentides que han cregut com a conseqüència d'ella. Els sentiments d'abandonament en són un exemple. Perdonar algú per haver-te ferit potser només tracta amb el símptoma. Necessites preguntar-te: "què em va passar exactament?" "com vaig respondre en aquell moment?" i "com m'ha afectat fins avui? Enuig, tristor i depressió son només conseqüències emocionals del que va passar.

El maltractament físic, emocional, espiritual o sexual pot danyar profundament el concepte que tens de tu mateix. Fa que la teva identitat quedi lligada a l'abús que has patit. Una víctima de violació pot sentir-se com una meuca, i una altra que ha patit abús emocional pot sentir-se insignificant. Perdonar algú per provocar aquests sentiments no solucionarà el problema. Més aviat s'ha de perdonar de la manera següent: "Perdono l'home que em va violar, per forçar-me a tenir relacions sexuals amb ell en contra de la meva voluntat i per violar el meu cos, que és el temple de Déu, quan el meu desig era glorificar-lo al meu cos. Renuncio a la mentida que sóc una meuca i que el meu cos està brut" (en parlarem més al Pas sis). O potser necessites pregar: "Perdono la meva mare per dir que mai arribaria enlloc a la vida i per denigrar-me constantment al dir _____ (sigues específic), perquè em va fer sentir _____ (explica com et va fer sentir, per exemple, incompetent, inferior, insignificant, etc.). Renuncio a les mentides que he cregut sobre mi mateix. No sóc aquella persona terrible que la meva mare va dir que jo era; sóc un fill de Déu i escullo creure el que Ell diu sobre mi".

Les experiències doloroses de la infància forgen la nostra percepció personal. És comú escoltar algú pregar, entre llàgrimes, "Senyor, perdono el meu pare (o mare) per pegar-me, per no interessar-se en el que passava a la meva vida, per no creure'm quan li hi vaig explicar sobre l'abús sexual. El perdono pel que em va fer i em va dir, fent-me sentir brut, indigne d'amor i insignificant". Aquesta programació negativa contribueix a una percepció personal distorsionada. Perdonar els altres els connecta amb un Pare amorós que els veu com fills seus, nets per la sang de l'Anyell.

Les fortaleses mentals son enderrocades a mesura que la gent perdona qui els ha ofès. Han viscut durant anys sota la condemna d'aquestes etiquetes. Per al cristià alliberat: "Ja no hi ha cap mena de condemna per als qui viuen en Jesucrist".[85] Exposem les mentides per poder viure d'acord amb la veritat de qui som realment en Crist.

COM PREPARAR EL COR

L'amargor s'assembla a prendre verí i esperar que l'altra persona mori. És a l'ànima allò que el càncer és al cos. Si sabessis que tens un càncer que pot ser extirpat, no li diries al metge: "de pressa, tregui-me'l!"? L'amargor, com el càncer, afecta cada part del teu ésser. Perdonar de cor els qui t'han fet mal és la manera que té Déu d'extirpar el càncer.

Desgraciadament aquest càncer de l'ànima és una malaltia contagiosa que pot afectar els altres. Per això la Paraula de Déu diu: "Vetlleu perquè ningú de vosaltres no quedi privat de la gràcia de Déu: que no broti cap arrel amargant que porti malestar, i la majoria en resulti infectada".[86] Una sola arrel d'amargor pot corrompre una família o tota una església.

Déu et pot recordar persones que t'han ofès o situacions doloroses que havies oblidat totalment. Permet-li fer-ho encara que et faci mal. Recorda que estàs fent això pel teu propi bé. No racionalitzis ni expliquis la conducta de l'agressor. Perdonant resols el problema del teu dolor i deixes que Déu se'n faci càrrec. Els sentiments positius vindran més endavant; el que importa en aquest moment és alliberar-te del passat.

No diguis: "Senyor, ajuda'm a perdonar" perquè Ell ja t'està ajudant. Tampoc diguis: "Senyor, vull perdonar", perquè així eludeixes la decisió de perdonar, la qual és difícil però és responsabilitat teva. Pensa en cada persona de la llista fins que tinguis la seguretat d'haver resolt tot el dolor que recordes: el que et van fer, com et van ferir, quins sentiments van provocar (rebutjat, amb falta d'amor, indigne, brut, etc.). Estàs preparat per perdonar a les persones de la llista, per ser lliure en

Crist i perquè ni aquestes persones ni el teu passat continuïn tenint control sobre tu? Si ho estàs, fes la següent pregària en veu alta per a cada persona de la teva llista:

> *Senyor, decideixo perdonar a*_____ *[anomena a la persona] per*_____ *[el que va fer o no va fer]*_____ *, la qual cosa em va fer sentir* _____ *[digues al Senyor cada dolor que Ell porti a la teva ment.]* **Amén.**

QUÈ PASSA AL PREGAR

Una noia va dir: "No puc perdonar la meva mare, l'odio! Però ara sí que pot! El Senyor no et demana que estimis els qui t'han ferit. No pots negar o jugar amb les teves emocions així. Ell desitja que perdonis perquè pari el dolor que estàs experimentant.

Hi ha persones que es mostren reticents a perdonar als altres les seves ofenses perquè pensen que al fer-ho els estan jutjant o condemnant. Quan una jove anorèxica va arribar al nom del seu pare a la llista, va dir: "Sento que jo li hauria de demanar perdó a ell". I jo li vaig dir: "És possible però això no és el que estem tractant ara. Ens estem ocupant del teu dolor".

A vegades la persona lluita, per una banda, amb els sentiments d'amor i lleialtat als pares i per l'altra amb la necessitat d'enfrontar el dolor que li van causar. Perdonar els nostres pares per ser imperfectes no és condemnar-los. No els condemnem per les seves imperfeccions; els seus pares també ho van ser d'imperfectes. Però enfrontar la veritat i perdonar els nostres pares és el que atura el cercle viciós que es repeteix de generació en generació.

Al recórrer la llista, assegura't de romandre en la mateixa persona fins haver tractat cada record dolorós que Déu et porti a la ment. Molts han intentant enterrar els records dolorosos al subconscient. Una supressió així es considera una negació conscient. Altres realment no recorden el que va passar. El Senyor ho va permetre així; el dolor era massa fort com per suportar-lo en aquell moment, i per això Ell va permetre que se'n dissociés el record. El Senyor sovint porta records reprimits més endavant, quan hi ha suficient maduresa, el recolzament adequat i els mitjans per resoldre-ho. Al fer els Passos, Déu sovint porta a la ment records reprimits. Hi ha qui intenta tractar amb el propi dolor negant que els hagi passar res de dolent o fingint que no els hi va afectar. Però Déu mai obra a través de la negació o l'encobriment.

LES EMOCIONS VARIEN

El perdó genuí porta una catarsi emocional per a molts, mentre que altres queden emocionalment bloquejats, incapaços de sentir cap emoció. Aquest va ser el cas d'una missionera que va mirar la seva llista i la va apartar lentament. Després la va tornar a mirar, la va rebutjar un altre cop i va dir: "Fa tres mesos que el meu terapeuta intenta fer-me plorar". Però jo no havia dit res sobre plorar. Finalment va agafar la llista i va començar amb el primer nom: "Senyor perdono a..." i va trencar a plorar. Anys de dolor van sortir a la superfície a mesura que perdonava a les persones de la llista, d'una en una.

Alguns tracten amb les seves llistes d'una manera més aviat estoica. Això és així perquè tenim diferents temperaments. Les llàgrimes no són l'única forma d'expressar dolor i pena. Certes persones reconeixen els greuges soferts i amb dolor decideixen perdonar de tot cor, sense vessar ni una llàgrima. No obstant, potser mai has identificat les veritables arrels del teu dolor. Fes-te aquesta pregunta: "en aquell moment, com em vaig sentir?" o "al pensar-hi ara, com em sento?" Potser t'envaeix una forta commoció. Potser alguns perdonen sense expressar cap emoció fins que arriben a un nom en particular de la llista, llavors les emocions sorgeixen.

ENFRONTAR EL DOLOR I SEGUIR ENDAVANT

L'objectiu principal és enfrontar la veritat, reconèixer el dolor, perdonar qui t'ha fet mal i seguir endavant. Per a molts, aquesta és la primera vegada que han reconegut, entès i afrontat l'arrel del seu dolor. Permet-te experimentar el dolor i expressar el que sents. Potser, per por de passar per aquest procés, vas decidir enterrar les emocions i viure en la negació. Però això no té per què ser així. No pots estar bé amb Déu i al mateix temps no ser sincer.

A alguns els hi van ensenyar a no expressar emocions, sobretot les negatives: "els homes no ploren", o "no està bé expressar els sentiments, demostra debilitat". Alguna vegada et van dir que mostrar emocions era dolent i que només ho feien els dèbils? què va passar quan vas mostrar les teves emocions a casa? creus que expressar el que sents està mal fet? Per ser lliure en Crist has de perdonar els qui et van ensenyar a respondre d'aquesta manera i renunciar a les mentides que et van dir respecte les teves emocions. Qui és lliure en Crist, també és emocionalment lliure.

Una dona mai havia sentit tristesa per ella mateixa però si que podia plorar pels altres. De nena el seu pare havia abusat d'ella i perquè guardés el secret la va amenaçar amb fer-li encara més mal si plorava o ho explicava a algú. Quan aquesta experiència va sortir a la superfície mentre perdonava, la van animar a renunciar a la mentida que ella no havia de sentir emocions i a declarar la veritat que Déu la va crear amb la capacitat emocional d'expressar goig, tristor, riure i plor. Al fer-ho van aparèixer les primeres llàgrimes, va plorar i va seguir sanglotant una bona estona.

Hi ha persones que resolen tots els seus problemes la primera vegada que fan els Passos. Són com un plàtan que es pela una sola vegada. Malgrat això, no tothom aconsegueix cobrir tot el seu passat en una sola sessió. Altres persones s'assemblen més a una ceba. El primer cop només treuen la capa exterior. Poden sentir una gran emoció, com si els haguessin tret un gran pes del damunt. Han resolt fins on sabien però en els dies següents possiblement recordaran altres coses. Ara ja saben què fer quan aflorin altres records dolorosos o si els ofenen de nou. Cal resoldre el que se sap i si hi ha més el Senyor ho traurà a la llum al seu temps. I quan ho faci, sempre hi haurà algú qui perdonar i alguna cosa a la qual caldrà renunciar.

LA TEVA NOVA IDENTITAT

A mesura que treballes en la teva llista, pot ser-te d'utilitat representar en un gràfic la teva identitat "abans i després". Agafa un full en blanc i dibuixa-hi una línia vertical que divideixi la pàgina en dos. A l'encapçalament esquerre escriu-hi "la vella identitat". En aquesta columna escriu-hi totes les coses negatives que has dit de tu mateix i que altres han dit de tu. Encapçala la columna dreta posant-hi "La meva nova identitat" i escriu-hi el que realment ets en Crist.

Recorda les paraules que descriuen el que penses de tu mateix a conseqüència de l'abús i escriu-les a la columna esquerra, per exemple: "brut", "menyspreable", "abandonat", "insignificant" o "incapaç de fer res bé". Para especial atenció a les paraules que van venir de persones influents els primers anys de la teva vida (mare, pare, germans, etc.)

Aquestes etiquetes van influir les teves creences i els teus patrons de conducta.

Al comprar al supermercat un pot o un envàs de menjar, aquest inclou una etiqueta del fabricant on s'hi descriu el contingut. A mesura que avances a la vida (les males experiències, allò que et fan, el que et diuen, les coses dolentes en les quals participes) Satanàs va prenent notes en una etiqueta de la teva vida. Ara que estàs viu en Crist ja no ets un producte del teu passat sinó el fruit de l'obra de Crist a la creu. Totes les velles etiquetes del món van deixar de descriure el contingut de la teva identitat. Renuncia a les mentides i escull la veritat. Et donem alguns exemples:

> Per a aquells qui van ser traïts pel seu pare i han transferit la desconfiança al seu Pare celestial: "Senyor, renuncio a les mentides que he cregut sobre Tu per la manera en què em va tractar el meu pare terrenal. Declaro la veritat que Tu no ets com ell. Tu ets perfecte en amor i fidelitat".

> Per a aquells qui es creuen responsables de mantenir unides les seves famílies disfuncionals i que van ser el recolzament emocional dels seus pares: "Senyor, renuncio a la mentida que sóc responsable de salvar els qui m'envolten i que sempre he de ser fort perquè sóc responsable dels altres. Gràcies, Senyor, perquè està bé que sigui honest respecte la meva pròpia necessitat. Gràcies perquè quan sóc dèbil, Tu ets fort en mi". (Veure 2 Corintis 12:9)

> Per als qui han estat denigrats constantment per aquells que a la seva vida representen l'autoritat: "Senyor, renuncio a la mentida que sóc indigne i insignificant. Declaro la veritat que sóc el teu fill especial i apreciat per tu". O "Senyor, renuncio a la mentida que sóc la víctima impotent que creia que era quan era petit. Declaro la veritat que tot ho puc en Crist que em fa fort". (Veure Filipencs 4:13)

BUSCAR EL PERDÓ D'ALTRES

Alguns són reticents a perdonar perquè creuen que és necessari anar directament a les persones. La idea de veure en persona els seus ofensors és massa traumàtica com per ni tant sols considerar-la. Per perdonar els altres només necessitem anar a Déu. No s'ha de confondre perdonar un semblant amb demanar-li perdó, la qual cosa se'ns exigeix a Mateu 5:23-26. Si sabem que algú té alguna cosa en contra nostra el Senyor requereix que anem a trobar-lo abans que a Ell i que busquem la reconciliació.

L'important és recordar que si hem ferit algú hem d'anar a buscar aquella persona abans d'anar a l'església. Però si som nosaltres els que hem estat ferits necessitem anar primer a Déu per poder perdonar. El perdó sempre precedeix la reconciliació. Pau va escriure: "Si és possible, i fins on depengui de vosaltres, estigueu en pau amb tothom".[87] Però no sempre depèn d'un mateix, doncs no hi pot haver reconciliació amb algú que no desitja reconciliar-se. La meta és quedar lliures del passat i d'aquells que ens van perjudicar. La reconciliació pot donar-se, però només si l'agressor assumeix la responsabilitat de les seves accions i busca el perdó honestament. La llibertat de l'agreujat mai està supeditada a que l'agressor es faci responsable dels seus actes. Faci el que faci l'agressor has de perdonar de cor. Si deixes que el perdó depengui de la persona que et va fer mal et controlarà la resta de la teva vida. Pots protestar: "tu no saps el mal que em va fer". De fet et continua fent mal. Perdonar és la forma de parar el dolor. Perdonar de cor és un procés esgotador però fent-ho resoldràs un conflicte important entre tu i Déu. Satanàs no tindrà dret a torturar-te. És normal que et sentis exhaust però pren-te un descans breu, estira els músculs, pren-te un got d'aigua i estaràs preparat per seguir amb el següent Pas. Però abans acaba aquest amb la pregària següent:

Senyor, *rebutjo el meu ressentiment. Gràcies per lliurar-me de l'esclavitud de l'amargor. Deixo anar el meu dret a buscar venjança i et demano que em curis les ferides emocionals. Ara et demano que beneeixis a _____ (anomena la persona). En el nom de Jesús.* **Amén.**

CAPÍTOL CINC
COM VÈNCER LA REBEL·LIÓ (Pas 4)

Una noia va demanar cita per parlar amb el seu pastor, volent resoldre un assumpte personal amb la seva família, però durant el procés dels Passos va aflorar una relació matrimonial extremadament abusiva, la qual va acabar en divorci. S'havia tornat a casar però havia tornat a caure en el mateix cercle d'abús. Les ensenyances del passat i la pressió de familiars i amics només van servir per reforçar la falsa idea que la submissió consisteix en aguantar passivament l'abús físic i emocional. La seva estratègia de supervivència s'estava ensorrant, igual que la seva capacitat de fer front a la situació.

Com ella, moltes persones s'han passat la vida intentant complaure els qui abusaven d'elles, esperant algun dia aconseguir viure d'acord amb les seves expectatives i així rebre l'acceptació i l'aprovació que creuen necessàries per sentir-se valuoses. Malgrat això, fes-te aquesta pregunta: què passaria si la teva mare, pare o cònjuge mai t'acceptés o et donés l'aprovació que creus que necessites? Aquesta és una possibilitat molt real, però en realitat tu no necessites la seva aprovació si saps qui ets en Crist, doncs el Déu de l'univers ja t'ha acceptat i t'ha afirmat.

Altres escullen fer tot el contrari, conscientment decideixen que mai ningú els maltractarà i es converteixen en rebels. Tots dos, tant el rebel com el que depèn d'altres, han de trobar la seva identitat, acceptació, seguretat i significat en Crist per poder ser les persones que Ell va dissenyar.

QUI TÉ EL CONTROL?

Qui diries que té el control de la teva vida en aquests moments? Creus que ets tu? Déu no va crear la teva ànima per fer la funció d'amo. En tot el que fem servim a Déu, no a Mammon (déus falsos).[88] Diu el poeta: "Sóc el senyor del meu destí i el capità de la meva ànima". Doncs no, no ho ets! El teu estil de vida egoista, egocèntric i egòlatra en realitat serveix al món, a la carn i al diable, i ens enganyem quan creiem que ens servim a nosaltres mateixos.

Negar-se un mateix és el camí de la Creu. Dir-nos "no" a nosaltres mateixos i "sí" a Déu és la lluita més gran de la vida. La mentida més grossa és creure'ns que som Déu. Aquesta es va originar al Jardí de l'Edèn quan Satanàs va dir: "Arribareu a ser com deus".[89] El pitjor error que podem cometre és creure o pretendre que som Déu. Oferir-li tot a Déu sembla un sacrifici gran però, què estem sacrificant? Estem sacrificant una vida limitada a canvi d'una d'abundant. La gran ambició de la humanitat és ser feliços com animals en lloc de ser beneïts com fills de Déu.

Sacrifiquem el plaer de les coses per guanyar el plaer de la vida. Què demanaries a canvi d'amor, goig, pau, paciència, benvolença, bondat, fidelitat, dolcesa i domini d'un mateix? Un cotxe nou? Una casa més gran? Un augment a la feina? Creure que aquestes coses et proveiran d'amor, goig i pau és una mentida del món, tot i que no hi ha res de dolent en obtenir graus, títols i possessions materials. Sacrifiquem el que és terrenal per obtenir allò que és etern. Quin sacrifici! En realitat negar el nostre dret a l'autodeterminació és una derrota magnífica. Només quan arribem al final dels nostres recursos descobrim els recursos de Déu. La potestat de Déu no és una doctrina negativa perquè som alliberats en Crist quan Jesús és el Senyor.

APRENDRE A CONFIAR EN DÉU

La Beatriu va ser criada en una família religiosa molt legalista. Quan va conèixer en Tomàs, que també era cristià, i s'hi va casar, ella esperava una vida completament satisfactòria i que ell proveís totes les seves necessitats. Al fracassar el matrimoni la seva fantasia es va esvair. Desil·lusionada i enfadada amb els seus pares i el seu marit, va anar creixent dins seu una profunda desconfiança cap a Déu. Aquesta actitud es va convertir en rebel.lia i desesperació. Es va aficionar a les religions falses i va adoptar un estil de vida mundà.

Algú li va donar un dels meus llibres i CD's, però durant mesos va tenir por de llegir-los i escoltar-los. Gràcies a una persuasió amorosa, va buscar ajuda i va ser guiada a fer els Passos cap a la llibertat. Quina meravella veure els canvis a la seva vida! L'esperit rebel va desaparèixer; ella va expressar: "Em sento com si estigués enamorada". I ho està, de Jesús, l'amant de la seva ànima. Abans intentava controlar les persones o les circumstàncies amb l'esperança de satisfer les seves necessitats. Però va renunciar a l'autosuficiència i ara el Senyor l'està omplint cada cop més de pau i seguretat. Va explicar: "Ja no desitjo les coses que abans em venien de gust; només vull conèixer millor Jesús".

Quan intentem prendre les regnes amb les nostres mans ens sembla que controlem la situació però, què o qui controlem realment? És que potser vam decidir el dia per néixer? O qui serien els nostres pares? O on naixeríem? Podem triar el dia que morirem? Tenim el dret o la capacitat de controlar les persones o circumstàncies de la nostra vida per al nostre benefici? No, l'únic control que tenim és decidir a qui servim. Paradoxalment només tenim autocontrol quan ens rendim completament a Déu. [90]

VIURE SOTA AUTORITAT

El Senyor va dir: "Rebel·lar-se contra Ell és com pecar de màgia, desobeir-lo és endevinació i males arts".[91] Desafiar les autoritats ens situa a mercè de l'enemic i ens sotmet a la seva influència. El déu del món, el príncep del poder de l'aire, rugeix com un lleó afamat buscant a qui devorar. Déu diu: "Poseu-vos en fila i seguiu-me. Esteu sota la meva protecció i esteu sota la meva autoritat". Satanàs va ser l'autor de la rebel·lió, de manera que quan ens rebel·lem estem acceptant el seu lideratge. Si la gent entengués de veritat la realitat del món espiritual i el que està escollint renunciaria immediatament a la rebel·lia per sotmetre's a Déu.

Vivim en una era de rebel·lió. Tothom jutja qui té autoritat damunt seu. Anem a l'església i critiquem el cor o la música enlloc d'adorar Déu. Jutgem el sermó enlloc que el sermó ens jutgi a nosaltres. Quantes vegades has sentit a algú criticar la música o la predicació al sortir de l'església? Critiquem el president, els nostres representants, els nostres pastors, els nostres mestres, els nostres cònjuges i els nostres pares.

El Senyor ens mana sotmetre'ns i pregar pels qui estan en

posicions d'autoritat damunt nostre. L'apòstol Pau va escriure: "Que tothom se sotmeti a les autoritats que exerceixen el poder, perquè tota autoritat ve de Déu, i les que de fet tenim han estat establertes per Ell. Per tant, qui s'enfronta a l'autoritat es rebel·la contra l'ordre volgut per Déu, i els rebels es busquen la pròpia condemna".[92] El Desig de Déu és que ens sotmetem a Ell i demostrem la nostra lleialtat sent submisos als qui Ell col·loca com autoritat damunt nostre. Renunciem al nostre dret de governar i confiem que Déu treballarà a través de les línies d'autoritat que Ell ha establert pel nostre bé. Confiar en que Déu obrarà mitjançant persones que no són perfectes és un veritable acte de fe. Realment et sotmets a la posició d'autoritat, no a la persona.

Les Escriptures sí ens ensenyen que hi ha circumstàncies en les quals hem d'escollir obeir Déu per damunt de l'home. Quan les autoritats governamentals ens ordenen que fem quelcom que el Senyor prohibeix o intenten impedir que fem allò que Déu ens mana que fem, llavors hem d'obeir Déu i no l'home, com van fer els cristians de l'església primitiva en certes ocasions. [93] D'igual manera no tenim cap obligació d'obeir aquells que intenten exercir autoritat fora de la seva jurisdicció. Per exemple: ni el teu cap ni la teva professora de l'escola tenen dret a dir-te què has de fer quan siguis a casa. Un policia no pot dir-te en què creure o a quina església anar però sí que et pot posar una multa si incompleixes la llei de trànsit.

RELACIÓ AMB L'AUTORITAT

Daniel és un exemple extraordinari de submissió. Es podria dir que el rei Nabucodonosor va sobrepassar la seva autoritat demanant-li a Daniel i a la seva gent que fessin una cosa contraria a la seva fe. Observem com va respondre Daniel: va demostrar respecte al rei i a aquells que duien a terme els seus mandats. Nabucodonosor desitjava que els que estiguessin al seu servei mengessin allò que ell havia escollit. Daniel no volia contaminar-se amb el menjar del rei, així que va demanar permís al seu supervisor per menjar allò que Déu establia, sempre que es mantingués sa per servir el rei, que era l'única cosa que el rei requeria. Com que Daniel no va ser desafiant ni irrespectuós, "Déu va fer que el cap del personal mirés Daniel amb benvolença i afecte".[94] Daniel va proposar una alternativa creativa perquè l'oficial no caigués en desgràcia davant del rei i al mateix temps complagués els desitjos del rei de tenir servents savis i sans.

La pregària del Pare Nostre [95] és un model de com hem d'apel·lar als qui estan en autoritat damunt nostre. Primer, hem de saber quin és el nostre lloc, la qual cosa es reflecteix en la frase: "Pare nostre del cel, sigui santificat el vostre nom" [v.9]. A la majoria de sistemes judicials ens hem d'adreçar al jutge del tribunal amb respecte; no fer-ho seria considerat desacatament davant del tribunal. Ens dirigim respectuosament al jutge com a "Senyoria".

Si existeix un conflicte personal sense resoldre entre tu i l'autoritat davant la qual vols apel·lar, primer et caldrà resoldre aquest conflicte. Això s'aplica a Déu igual que a qualsevol jutge d'un tribunal o al nostre supervisor a la feina. No ens podíem apropar a Déu fins que Ell va trobar la manera de perdonar-nos; i tot jutge que tingui un prejudici personal a favor o en contra de l'acusat cal que es retiri del cas. De la mateixa manera, si un adolescent ha estat irrespectuós i desobedient amb el seu pare haurà d'arribar a un acord amb ell abans de demanar-li les claus del cotxe.

Segon, cal que estem compromesos amb l'èxit de qui està en posició d'autoritat i desitjós de fer la seva voluntat, sempre que això no impliqui una violació de la nostra identitat en Crist. Aquest principi es reflecteix en la petició de: "vingui el teu Regne, que es faci la teva voluntat aquí a la terra com es fa en el cel" [v.10]. No hem de fer res que dificulti la responsabilitat que Déu els ha donat. Cap líder pot aconseguir gaire sense el recolzament lleial dels qui són sota la seva direcció. Si el qui està en el lloc de submissió es rebel·la no prosperarà. La Paraula ens diu: "Obeïu els vostres dirigents i mostreu-vos-hi dòcils; ells vetllen constantment per la vostra ànima i n'hauran de donar compte. Mireu que puguin fer-ho amb goig i no pas lamentant-se; això no us seria profitós".[96]

Una de les estratègies més poderoses de Satanàs és desacreditar els líders espirituals. La nostra lleialtat cap els qui estan en posicions d'autoritat sobre nostre serà provada. Això passa sobretot en ministeris cristians i a la llar. Tots som temptats amb pensaments subtils com: "No m'agrada com ha fet això", "jo ho hagués fet millor", "això és el que jo faria si estigués al seu lloc", "jo sóc qui hauria d'estar dirigint aquesta obra". No té cap importància que aquests pensaments vinguin de l'infern, d'altres treballadors deslleials o de tu mateix, d'acord amb Jaume 3:13-18 està mal fet:

"¿Qui de vosaltres es té per savi i expert? Que demostri amb un bon

comportament que la saviesa omple de dolcesa les seves obres! Però si teniu el cor ple de gelosies amargues i de rivalitats, deixeu de gloriar-vos i de mentir, ja que així perjudiqueu la veritat. Aquesta saviesa no ve de dalt, sinó de la terra, de les passions, dels dimonis. Perquè on hi ha gelosies i rivalitats hi ha desordre i tota mena de males accions. En canvi, la saviesa que ve de dalt, primer de tot és pura; després, pacífica, amable, dòcil, plena de misericòrdia i de bons fruits, sense parcialitat ni hipocresia. El fruit de la justícia és sembrat en esperit de pau pels qui treballen per la pau".

La majoria de líders escoltarien les nostres apel·lacions si sabessin que ens importa la seva responsabilitat i la seva reputació. El Senyor es va abstenir de jutjar els israelites quan Moisès va intercedir a favor seu. Moisès va basar la seva petició en la reputació de Déu. [97] Déu només ens pot beneir quan som submisos,[98] i al fer-ho obtenir el seu favor. [99] La vida se'ns farà més difícil si aquells qui servim fallen en les seves responsabilitats. Cada passatge que ens mana ser submisos acaba amb una promesa pels qui se sotmeten i amb condemnació pels que no ho fan.

Tercer, les nostres apel·lacions han d'estar basades en necessitats legítimes. Aquest principi es fonamenta en la frase: "Dóna'ns avui el nostre pa de cada dia".[100] Tot líder està lligat a les necessitats d'aquells a qui serveix i el Senyor portarà convicció sobre qui no escolti el clamor legítim de la gent. Malgrat això, les peticions motivades pels desigs egoistes poden, amb total justícia, quedar sense resposta. No hi ha res que desil·lusioni més a un pare que un fill desagraït que exigeix més del que necessita.

Quart, les nostres apel·lacions han de provenir d'un cor lliure d'amargor. Trobem aquest principi a la frase: "perdona les nostres ofenses, així com nosaltres perdonem els qui ens ofenen".[101] Qualsevol persona que hagi permès que una arrel d'amargor broti i hagi contaminat altres no pot esperar el favor per part de l'autoritat. Quan Simó va demanar el poder dels apòstols, Pere s'hi va negar dient: "Veig que ets ple de fel amarg i que la dolenteria t'encadena".[102]

Cinquè, les nostres apel·lacions han de buscar un direcció correcta a la vida; això ho trobem a la frase: "no permetis que caiguem en la temptació, i allibera'ns del mal".[103] Tota institució humana ha rebut la seva autoritat de Déu "per castigar els malfactors i fer l'elogi dels qui es porten bé".[104]

CONFIA EN LA PROTECCIÓ DE DÉU

Daniel també ens ensenya a confiar en la protecció i la provisió de Déu quan no podem obeir els manaments del rei per motius de consciència. El rei Darius va ser persuadit a redactar un decret reial que posés en vigor aquesta prohibició: "Durant trenta dies, ningú no podrà adreçar cap pregària a cap déu o a cap home, sinó tant sols al rei; si ho fa, serà llançat a la fossa dels lleons."[105] Daniel no va poder fer cas d'aquest edicte, de manera que va continuar orant i donant gràcies al Déu totpoderós, la qual cosa el va portar a la fossa dels lleons; però el Senyor els hi va tancar la boca als lleons.

Si el teu cap vol que menteixis no li faltis al respecte; apel·la a ell o ella com he explicat anteriorment i ofereix-li una alternativa. Què passarà si no accepta l'alternativa i diu: "Si no fas el que et mano buscaré un altre perquè ho faci"? Llavors deixa que busqui aquesta persona i confia en que Déu proveirà les teves necessitats.

COM ENFRONTAR L'ABÚS

Què passa quan la figura d'autoritat és abusiva? Seria un acte de rebel·lia denunciar-lo? És clar que no! No està bé que un líder cristià li digui a una dona o a un nen maltractats que tornin a casa i siguin submisos. "És que això diuen les Escriptures", dirà l'agressor. Però això no és tot el que les Escriptures diuen sobre aquest tema. Déu ha establert institucions governamentals per protegir dones i nens maltractats perquè el seu cor pateix amb el dèbil i l'impotent. "La religió pura i sense taca als ulls de Déu, el nostre Pare, consisteix en això: ajudar els orfes i les viudes en les seves necessitats".[106]

S'ha d'entregar l'agressor a les autoritats que Déu ha instituït. Això no és una acció venjativa per dues raons: primer, és obvi que el líder abusiu ha renunciat a la responsabilitat de proveir i protegir als qui Déu ha posat sota la seva cura. Patir abús sota algú amb autoritat sobre un mateix és una ofensa doble: a més de ser víctima de l'abús es perd la protecció disposada per Déu. Segon, mai ajudaràs els agressors permetent que continuïn amb les seves conductes. Estan fent mal a persones que necessiten ajuda. Si no els aturem el cicle d'abús continuarà. De fet, frenar-los en realitat demostra tenir cura d'aquestes persones. Ells tenen el dret de trobar perdó i llibertat en Crist com qualsevol altre però la majoria no ho farà si se'ls permet continuar amb el seu pecat. Si el teu pare abusava de tu i la teva mare, tot hi sabent-ho, no feia res per ajudar-te, a qui creus que et serà més difícil perdonar? Evidentment, a la teva mare.

Això no vol dir que no ens haguem de sotmetre a aquells amb autoritat pel simple fet que no són perfectes. Si fos així, només podríem sotmetre'ns a Déu. El que estic dient és que hi ha mitjans bíblics a través dels quals el creient pot apel·lar a aquestes persones imperfectes i en posició d'autoritat, i moments en que haurà d'obeir Déu i no als homes. Per determinar quan rebutjar l'autoritat humana necessitem discerniment i una profunda convicció interna basada en la veritat, siguin quines siguin les conseqüències. Si refuses sotmetre't simplement perquè preferiries fer les coses a la teva manera estàs actuant amb rebel·lia.

QUÈ SIGNIFICA LA SUBMISSIÓ

Degut als abusos d'autoritat i les ensenyances legalistes, el terme submissió ha adquirit per a molts una connotació negativa. Per a ells una persona submisa és un titella que no qüestiona l'autoritat. Hi ha qui accepta el seu paper i identitat de titella, mentre que a altres els molesta tota figura d'autoritat, incloent-hi Déu. Però Déu no és igual que les figures d'autoritat abusives que coneixem. Ell té al seu cor les millors intensions per a nosaltres. L'única manera d'aconseguir alguna mena d'ordre social és sotmetre'ns a la voluntat de Déu i als seus camins. Sense estructures d'autoritat aconseguiríem molt poc al matrimoni, a la família, a l'església, als negocis o al govern, i només regnaria l'anarquia. L'autoritat de Déu permet la coexistència pacífica del seu poble, el qual està cridat a viure i treballar en harmonia.

L'apòstol Pau instrueix les mullers a ser submises als seus marits, i després diu a tots (homes i dones): "Sotmeteu-vos els uns als altres per reverència a Crist".[107] Això vol dir que tots els cristians han d'estar disposats a cooperar en les seves relacions sota l'estructura d'autoritat que Déu ha estipulat. Tots estem sota l'autoritat d'algú o alguna cosa i estem subjectes a les necessitats dels altres perquè hem estat cridats a estimar-nos els uns als altres.

SUBMISSIÓ, REBEL·LIÓ I LA RECERCA DE SIGNIFICAT

Què volen dir Pau i Pere quan ensenyen a les mullers a sotmetre's als seus marits? [108] Per què es rebel·len algunes dones davant la idea de submissió? Per què alguns homes abusen de l'autoritat que Déu els ha donat a la llar? Per què Pere i Pau insten als homes a suplir les necessitats de les seves mullers amb amor? [109] Aquestes són algunes preguntes crítiques a les quals ens podem enfrontar al discutir la distribució de rols al matrimoni. Gran part de la confusió i pràcticament tota l'energia emocional que impulsa el debat sorgeix d'entendre erròniament l'origen de la nostra identitat i importància. Les persones tendeixen a basar la seva identitat en el que fan i el seu sentit d'importància en posicions i títols. Conclouen erròniament que la seva aparença, esforç i estatus proporcionen el seu sentit d'importància.

El que determina la nostra identitat no és el que fem sinó qui som en Crist. És a dir, el que fem no determina qui som sinó a l'inrevés: el que som determina el que fem. Abans d'estar en Crist obteníem la nostra identitat de la nostra herència familiar, la nostra feina o professió i de la nostra condició social. Però ara que estem en Crist, "aquí ja no hi ha grec ni jueu, circumcís ni incircumcís, bàrbar ni escita, esclau ni lliure; només hi ha el Crist, que ho és tot i és en tots".[110] "No hi ha home ni dona".[111] Aquests versets no anul·len la funció social de cada persona ni eliminen l'estructura d'autoritat. Més aviat ens ensenyen clarament que l'essència de la nostra identitat es troba en Crist i que hem de complir amb els nostres rols a la vida com a fills de Déu.

El que determina la nostra importància no és la nostra posició ni les nostres possessions en aquest món sinó la nostra posició en Crist i les riqueses que posseïm en Ell. Quan la mare dels fills de Zebedeu va intentar asseure els seus fills al costat de Crist, el nostre Senyor va aprofitar l'ocasió per instruir-nos sobre el lideratge cristià. "Ja sabeu que els governants de les nacions les dominen com si en fossin amos i que els grans personatges les mantenen sota el seu poder. Però entre vosaltres no ha de ser pas així: qui vulgui ser important enmig vostre, que es faci el vostre servidor, i qui vulgui ser el primer, que es faci el vostre esclau."[112] Tot líder cristià està subjecte a les necessitats dels qui serveixen sota la seva direcció. El lideratge a la llar no és un dret

> El que fem no determina qui som; el que som determina el que fem.
>
> ೞ

que s'exigeix sinó una immensa responsabilitat, i el mateix s'aplica a qualsevol paper de responsabilitat social.

LA IDENTITAT DETERMINA LA IMPORTÀNCIA

El món diu: "No ets res"; de manera que més et val planificar, tenir èxit i avançar als demés. Això condueix a la malícia, l'engany, la hipocresia, l'enveja i la calumnia. [113] La Bíblia ens diu que sí que som alguna cosa, per tant, hem de ser submisos. [114] Els manaments bíblics sobre els rols en les relacions interpersonals van ser donats en un context on l'assumpte sobre la nostra importància ja estava resolt per la nostra identitat i posició en Crist.

"Però vosaltres sou llinatge escollit, casa reial, comunitat sacerdotal, nació santa, poble que Déu s'ha reservat, perquè proclameu les gestes d'aquell qui us ha cridat de les tenebres a la seva llum admirable. Vosaltres que en altre temps no éreu poble, ara sou poble de Déu; no éreu compadits, però ara Ell s'ha compadit de vosaltres".[115]

La fórmula bíblica es llegeix de la següent manera: la nostra posició en Crist més (+) la nostra identitat com a fills de Déu és igual (=) a la nostra importància. Si el sentit d'importància de la muller flueix de la seva relació amb Déu podrà respondre al lideratge del seu marit perquè de fet ella té la mateixa importància dins el pla que Déu ha ideat, tant per la seva vida personal com pel seu matrimoni i la seva família. L'espòs no necessita exigir respecte ni imposar-se sobre altres per tenir sentit d'importància. Ell ja és valuós com a fill de Déu i està segur en Crist. És lliure per ser el servent-líder que Déu l'ha cridat a ser. El fruit de l'Esperit no és el domini sobre empleats ni sobre la muller ni tampoc sobre els fills; és més aviat domini d'un mateix. Tots dos cònjuges poden respondre amb gràcia cap a l'altre cònjuge imperfecte però cap dels dos necessita que l'altre satisfaci la seva necessitat de valor i importància. [116]

La submissió, l'autoritat i el domini no només concerneixen les relacions marit/muller, pares/fills, o cap/empleat. La submissió és primordialment un assumpte de relació entre la criatura i el Creador. Quan sabem qui som com a fills de Déu no hi ha cap necessitat de rebel·lia ni de dominar o de controlar. Ens rendim a la potestat de Jesucrist, estem segurs de la nostra posició en Ell i podem relacionarnos els uns amb els altres en amor i perdó.

COM SEGUIR EL QUART PAS

L'apòstol Jaume va escriure: "Per tant, sotmeteu-vos a Déu. Resistiu al diable, i el diable fugirà lluny de vosaltres".[117] Sotmetre'ns a Déu ens permet resistir el diable. La pregària amb la qual comencem aquest Pas és un compromís d'abandonar la rebel·lió i d'escollir un esperit submís:

> *Estimat Pare celestial, tu has dit que la rebel·lió és tan greu com l'endevinació i la idolatria (1 Samuel 15:23). Sé que no sempre he estat submís, sinó que al meu cor m'he rebel·lat contra tu i contra les autoritats que has posat damunt meu. Si us plau, mostra'm totes les maneres en què he estat rebel. Ara decideixo adoptar un esperit dòcil i un cor de servent. En nom de Jesús.* **Amén***.*

ÀREES DE REBEL·LIÓ

Revisa la llista següent en pregària, demanant-li al Senyor que et mostri de quines maneres has estat rebel cap aquells en posició d'autoritat.

☐ Govern civil, incloent lleis de trànsit, impostos, actitud cap a funcionaris governamentals (Romans 13:1-7; Timoteu 2:1-4; 1 Pere 2:13-17)

☐ Pares, padrastres o tutors legals (Efesis 6:1-3)

☐ Mestres i altres treballadors escolars (Romans 13:1-4)

☐ Caps, passats i presents (1 Pere 2:18-23)

☐ Espòs (1 Pere 3:1-4) o esposa (Efesis 5:31; 1 Pere 3:7)

Nota als marits: dedica un moment a preguntar-li al Senyor si la falta d'amor cap a la teva dona pot estar fomentant un esperit rebel cap a ella. Si és així, confessa-ho com una violació d'Efesis 5:22-33)

☐ Líders de l'església (Hebreus 13:7)

☐ Déu (Daniel 9:5,9)

Ara, fent servir la pregària següent, confessa cada punt específic que el Senyor hagi portat a la teva ment.

Pare, *confesso que he estat rebel cap a* _____ *(nom) al* _____ *(confessa específicament el que vas fer). Gràcies pel teu perdó. Decideixo ser submís i obedient a la teva Paraula. T'ho demano en el nom de Jesús.* **Amén.**

CAPÍTOL SIS
COM VÈNCER L'ORGULL (Pas 5)

Al nord del Canadà s'explica la història de dues oques i una tortuga que tenien una estreta amistat. A mesura que els dies es feien més curts i freds les oques van començar a parlar de l'hivern que s'apropava, i que aviat haurien de volar cap al sud. Una nit els tres animals es van reunir i les oques van parlar d'aquest tema amb la tortuga.

"Et trobarem a faltar", va dir una de les oques. "No pots caminar cap al sud abans que arribi l'hivern. Què faràs doncs?"

"Jo tinc una idea", va dir la tortuga "per què no busqueu un bastó resistent que pugueu sostenir amb el bec? Jo m'hi agafaria fort amb el meu fort bec i així podríem anar volant junts cap al sud."

"Creus que resistiràs tant de temps?", va preguntar una de les oques.

"És clar que si, sóc molt forta", va dir la tortuga.

Setmanes més tard, en algun lloc més al sud, un granger va mirar al cel i va veure una cosa increïble que mai abans havia vist. Va córrer cap a casa per explicar-ho a la seva dona. Quan ella va sortir corrent i va veure les oques volant amb un bastó al bec i la tortuga agafant-s'hi va exclamar:

"Quina bona idea! A qui se li ha acudit?"

Sabent que era idea seva, la tortuga no s'hi va poder resistir i va dir: "A mi!" i al dir-ho, va caure daltabaix.

L'ALTRE NOM DE L'EGOISME

L'orgull mata. I s'origina abans de la caiguda. L'orgull diu: "Va ser idea meva i ho puc fer amb les meves forces i els meus recursos".

L'orgull és l'origen de la maldat. Les Escriptures diuen de Satanàs: "Tu pensaves: "Pujaré fins al cel, posaré ben alt el meu tron, per damunt de les estrelles de Déu, i m'asseuré a la muntanya on es reuneix la cort divina, a tocar del cel. Cavalcaré sobre els núvols i seré com el Déu altíssim." De fet, però, has baixat al país dels morts, al fons de tot dels inferns".[118] A l'infern diem "que es faci la meva voluntat". Al cel diem "que es faci la teva voluntat"

> L'orgull és l'origen
> de la maldat
>
> ∞

Para atenció a la connexió que hi ha entre l'orgull i la guerra espiritual en els versets següents:

"Però Ell encara dóna una gràcia més gran. Per això diu: Déu resisteix als orgullosos, però concedeix als humils la seva gràcia. Per tant, sotmeteu-vos a Déu. Resistiu al diable, i el diable fugirà lluny de vosaltres". (Jaume 4:6-7)

"I vosaltres, joves, sotmeteu-vos als ancians. Revestiu-vos tots d'humilitat els uns envers els altres, perquè Déu resisteix als orgullosos, però concedeix als humils la seva gràcia. Per tant, humilieu-vos i sotmeteu-vos a la mà poderosa de Déu, i Ell us enaltirà en el temps que té fixat. Descarregueu en Ell totes les vostres preocupacions, ja que Ell mateix té cura de vosaltres. Sigueu sobris, vetlleu! El vostre adversari, el diable, rugint com un lleó, ronda cercant qui engolir. Resistiu-li ferms en la fe, sabent que la comunitat de germans estesa arreu del món ha de suportar els mateixos sofriments". (1 Pere 5:5-9)

L'AUTOSUFICIÈNCIA TÉ UN PREU

Després d'alimentar a cinc mil, Jesús va enviar els seus deixebles a creuar el Mar de Galilea i mentrestant Ell va pujar a la muntanya a pregar. Al mig del mar els deixebles es van trobar una tempesta: "Veient que patien remant, perquè el vent els era contrari, pels volts de la matinada va anar cap a ells caminant sobre l'aigua, com si volgués passar de llarg".[119] La intenció del Senyor era deixar enrere els autosuficients. Segueix endavant i rema fort en les tempestes de la vida. Ell ho permetrà fins que se't caiguin els braços però aquells qui invoquin el nom del Senyor seran salvats.

La resposta que el món té per aquells atrapats en tempestes és: "Rema més fort o rendeix-te sota la pressió i aprèn a viure al mar!" El diable diu: "Ho pots fer tot sol però si necessites ajuda, per un preu mòdic jo me n'encarrego". L'orgull diu: "Crec que me'n puc sortir sol. Només necessito treballar fort, ser enginyós i potser tenir una mica de sort". Déu contesta: "Jo no puc interferir els teus plans. Si vols salvar-te, resoldre els teus problemes o suplir les teves necessitats tens el meu permís. Però no ho podràs fer, perquè la realitat es que em necessites i també necessites els altres". La humanitat caiguda i sense Déu és una vaixell sense rumb a punt d'enfonsar-se.

L'orgull pot seduir fins i tot els millors. El rei Ozies va ser un home de Déu que regnà durant 52 anys, "feia allò que plau al Senyor".[120] Va aconseguir coses excepcionals. Va reunir un poderós exèrcit i va fortificar la ciutat. "La seva anomenada s'estenia lluny, perquè Déu l'ajudava a fer-se poderós.

"Però, quan se sentí poderós, la supèrbia el va dur a la perdició. Va ser infidel al Senyor".

Contra més gran sigui el que aconseguim més propensos serem a l'orgull. Més d'un líder cristià ha caigut quan ha començat a rebre elogis per la seva feina. "Qui es pensi estar dret, que miri de no caure".[121]

LA HUMILITAT FALSA I LA VERITABLE

Que és la humilitat? És potser arrossegar-nos en la pobresa insistint en com d'insignificants som? No, això és una falsa humilitat que només porta a la derrota. Pau ens diu a Colossencs 2:18 que no ens deixem influir per aquells que s'esforcen en fingir humilitat.

Dir que Déu ho és tot i que nosaltres no som res no demostra pas humilitat. És una forma de falsa humilitat. Crist no va morir a la creu inútilment. Va ser crucificat per redimir una humanitat caiguda. A través del Nou Testament se'ns anima a edificar-nos els uns als altres i se'ns adverteix emfàticament contra qualsevol intent de fer-nos caure els uns als altres, incloent-nos a nosaltres mateixos.

> Humilitat és posar la nostra confiança allà on toca
>
> ∽

Pau ens recorda: "En virtut de la gràcia que he rebut, dic a cada un de vosaltres: no us tingueu per més del que sou; tingueu una idea justa de vosaltres mateixos, assenyadament, cadascú segons la mesura de la fe que Déu li ha concedit".[123] Aquí no se'ns crida a l'auto degradació sinó a exercir moderació. Pau diu d'ell mateix: "Però per gràcia de Déu sóc el que sóc, i la gràcia que Ell m'ha donat no ha estat infructuosa. Al contrari, he treballat més que tots ells; no jo, sinó la gràcia de Déu en mi".[124]

Som el que som per la gràcia de Déu! Negar-ho seria desacreditar l'obra de Crist a la creu. Creient que som més del que som o que som producte del nostre esforç ens unim a la llista de milions de persones que van caure presoneres de l'orgull.

La humilitat és posar la nostra confiança allà on toca. Por això Pau diu: "De fet, els qui portem la circumcisió som nosaltres, i no ells, perquè donem culte a Déu conduïts pel seu Esperit i ens gloriem en Jesucrist, en comptes de refiar-nos d'un títol humà".[125] Però ens cal tenir tota la confiança que la nostra fe és capaç de dipositar en Déu i en el que Ell pot fer a través nostre. Tots hauríem de desitjar, tant per a nosaltres com per a tots els fills de Déu, que arribem al nostre màxim potencial en Crist. "La glòria del meu Pare és que doneu molt de fruit i sigueu deixebles meus".[126] L'orgull diu "ho vaig fer jo" en canvi la veritable humilitat diu "ho vaig fer per la gràcia de Déu".

Acovardir-se al racó de la incredulitat o arrossegar-se derrotat ridiculitzant la humanitat no dóna glòria a Déu. "Que brilli igualment la vostra llum davant la gent; així veuran les vostres bones obres i glorificaran el vostre Pare del cel".[127]

La glòria de Déu és la manifestació de la seva presència. Quan glorifiquem Déu als nostres cossos manifestem la seva presència al món. La única forma de donar-li glòria a Déu als nostres cossos és viure en victòria i donar molt de fruit. I la única manera de viure vides victorioses i portar molt de fruit és romandre en Crist. [128] Per aquest motiu hem de lluitar contra el nostre orgull per poder ser establerts en Crist: "Gràcies a Ell, tenim plena llibertat d'acostar-nos a Déu amb la confiança que ens dóna la nostra fe en Crist".[129]

L'ORGULL ADOPTA FORMES DIVERSES

Tots tenim rerefons diferents però l'orgull, la rebel·lia i l'autosuficiència son producte de la Caiguda i per tant són un element comú a tota la humanitat. L'objectiu principal de Satanàs és que l'home tingui el seu propi interès com a meta suprema. Satanàs és el "príncep d'aquest món" perquè l'egocentrisme regna en aquest món. La iniquitat que es transmet de generació en generació és un distorsió i una preocupació excessiva de l'ésser humà per fer la seva pròpia voluntat. Aquesta obstinació és la principal característica dels falsos profetes i mestres. Pere ens diu: "però té reservats els injustos per castigar-los el dia del judici, sobretot els qui amb desigs impurs van darrere la carn i menyspreen la sobirania del Senyor. Aquests tals són atrevits, arrogants, i sense cap temor injurien els éssers gloriosos".[130] Aquests actuen guiats pel seu esperit independent i no responen davant de ningú. A Mateu 7:20-23 veiem un panorama encara més fosc.

> Així, doncs, pels seus fruits els coneixereu. »No tothom qui em diu: "Senyor, Senyor", entrarà al Regne del cel, sinó el qui fa la voluntat del meu Pare del cel. Aquell dia, molts em diran: "Senyor, Senyor, ¿no és cert que en nom teu vam profetitzar, i vam treure dimonis, i vam fer molts miracles?" Llavors jo els diré clarament: "No us he conegut mai. Aparteu-vos de mi, vosaltres que obràveu el mal!"

Les fortaleses de l'orgull no només es transmeten de generació en generació. Cada nova generació desenvolupa el seu propi tipus d'orgull buscant fama i fortuna al sistema mundà on s'ha criat. Es glorifica a sí mateixa acumulant riqueses, escalant de nivell socio-econòmic, obtenint títols acadèmics o fins i tot coneixements bíblics. No és dolent tenir riqueses, estatus social, títols universitaris o coneixements bíblics, si tot això s'obté per la gràcia de Déu i amb el propòsit de fer la seva voluntat.

L'orgull és la característica principal del món: "Perquè allò que pertany al món són les passions carnals, els desigs dels ulls, l'orgull de posseir. Tot això no ve del Pare, sinó del món".[131] Tota temptació és un intent de fer-nos viure independentment de Déu. Quan caiem en una temptació sense voler estem servint el món, la carn i el diable. Ens enganyem al creure que n'obtenim un benefici perquè la gratificació temporal s'esvaeix ràpidament. Jesús respon prenent el camí de la Creu, el principi fonamental de la nostra vida en Crist, és a dir, repudiar la nostra antiga vida i entregar-nos en unió joiosa amb el Crist ressuscitat.

Tot i que l'evidència més immediata de l'orgull és l'egocentrisme, la seva arrel és l'autoexaltació. És en aquest aspecte on més ens assemblem al malvat "déu d'aquest món". L'autoexaltació expressada en actituds subtils d'orgull i fariseisme impedeixen que l'home reconegui humilment la seva necessitat de Crist. Un orgull així és la porta oberta al déu d'aquest món, el qual frustrarà fins i tot les nostres millors intencions. Examinem com això va resultar ser cert a la vida de Pere:

Jesús li va dir a Pere: "Simó, Simó, mira que Satanàs us ha reclamat per sacsejar-vos com qui garbella blat, però jo he pregat per tu, perquè no defalleixi la teva fe. I tu, quan t'hauràs penedit, enforteix els teus germans".[132] És important assenyalar que Jesús no va dir que no permetria que Satanàs sacsegés Pere com el blat. Només va dir que pregaria per ell perquè pogués ajudar altres un cop se n'hagués penedit.

Quin dret tenia Satanàs de demanar permís a Déu? El passatge anterior ens revela que hi va haver una discussió entre els apòstols sobre qui era el millor d'entre ells. L'orgull pot coexistir amb les millors intencions. Pere li havia dit: "Senyor, estic disposat a anar amb tu a la presó i a la mort". Però lamentablement ja havia perdut. Abans que el gall cantés Pere hauria negat Jesús tres vegades.

EL NOSTRE VALOR DES DE LA PERSPECTIVA BÍBLICA

Aprenem un sentit correcte del nostre valor al reconèixer i apropiar-nos de la veritat bíblica que som estimats i valorats pel nostre Pare celestial. Aquest valor no està basat en els nostres mèrits sinó en el fet de ser els seus fills preciosos, pels quals Crist va estar disposat a morir. Tenim tota benedicció espiritual, ens va predestinar per ser adoptats com a fills, tenim redempció i perdó, i les riqueses de la gràcia que Déu ens va donar en abundància".[133]

El problema no és que no tinguem grans riqueses en Crist sinó que no les veiem. Per aquest motiu Pau va pregar així: "Li demano que il·lumini els ulls del vostre cor perquè conegueu a quina esperança ens ha cridat, quines riqueses de glòria ens té reservades en l'heretat que Ell ens dóna entre els sants".[134]

COM SEGUIR EL CINQUÈ PAS

"Déu resisteix als orgullosos, però concedeix als humils la seva gràcia".[135]

Reconeixent l'orgull declarem allò que Satanàs va refusar declarar, és a dir, que depenem de Déu. Exposant i confessant l'orgull reconeixem el nostre desig de ser lliures d'una vida egocèntrica i autosuficient. Llavors serem lliures per començar a viure la gràcia de

Déu i obtenir d'Ell la força espiritual i la identitat en Crist. Demana-li a Déu que et guïi en la pregària següent:

> *Estimat Pare celestial, tu has dit que la supèrbia ve abans que la destrucció i un esperit arrogant abans que l'ensopegada. Confesso que m'he centrat en mi mateix i no en els altres. No m'he negat a mi mateix, no he pres a diari la meva creu ni t'he seguit. Obrant així he permès que el dimoni guanyi terreny a la meva vida. He pecat al creure que puc arribar a la felicitat i a l'èxit pel meu compte. Confesso que he posat la meva voluntat per davant de la teva i que he centrat la meva vida al voltant de mi mateix i no de tu. Confesso la meva supèrbia i el meu egoisme i et demano que reconquereixis tot territori guanyat a la meva vida pels enemics del Senyor Jesucrist. Decideixo descansar en el poder i la direcció de l'Esperit Sant per així no fer res per egoisme o per presumir. Amb humilitat decideixo considerar els altres superiors a mi. I escullo fer-te a tu, Senyor, el centre de la meva vida. Mostra'm ara, de manera específica, cada forma en la qual he viscut amb orgull. Ensenya'm a servir els demés en amor i a donar-los preferència. T'ho demano en el benèvol i humil nom de Jesús. Amén.*
> Proverbis 16:18; Mateu 6:33; 16:24; Romans 12:10; Filipencs 2:3)

Revisa la llista que hi ha a continuació en actitud de pregària i fes servir la pregària següent per confessar qualsevol pecat d'orgull que el Senyor et porti a la ment.

☐ Tenir un desig més fort de fer la meva voluntat que la de Déu

☐ Recolzar-me massa en la meva intel·ligència i experiència en lloc de buscar la direcció de Déu

☐ Confiar en els meus propis esforços i recursos en lloc de dependre del poder de l'Esperit Sant

☐ Estar més interessat en controlar els altres que en desenvolupar domini d'un mateix

☐ Estar massa ocupat en coses "importants" com per dedicar temps a servir els altres

☐ Tenir la tendència a creure que no tinc necessitats

☐ Que em costi reconèixer quan m'equivoco

☐ Estar més preocupat en agradar els altres que a Déu

☐ Preocupar-me massa per obtenir el reconeixement que crec que mereixo

☐ Creure que sóc més humil, espiritual, religiós o devot que els altres

☐ Buscar reconeixement mitjançant títols acadèmics, posició laboral o una altra jerarquia

☐ Sentir sovint que les meves necessitats son més importants que les dels altres

☐ Considerar-me millor que altres pel que he aconseguit o per les meves habilitats

☐ Altra maneres en les quals he tingut un concepte de mi mateix més elevat del que hauria de ser _____

Per cadascun dels punts que hagi estat una realitat a la teva vida, **prega en veu alta:**

Senyor, confesso que he sigut orgullós al _____
(el punt). Gràcies per perdonar la meva supèrbia. Decideixo humiliar-me davant teu i dels demés. Decideixo posar tota la meva confiança en tu i no en els meus esforços humans. En el nom de Jesús. **Amén.**

LA SANACIÓ CON A RESULTAT DE LA HUMILITAT

Vam rebre la següent carta d'un pastor al qual li van descobrir una addicció sexual. Es pot apreciar poderosament com Déu s'oposa al superb però dóna gràcia a l'humil:

"En donar-me que necessitava retre comptes a algú i treure a la llum aquests impulsos per poder vèncer el seu poder sobre meu, vaig compartir els meus sentiments amb la meva dona i els homes del meu grup d'estudi bíblic perquè preguessin per mi i em demanéssim comptes regularment.

Em van recolzar molt, tot i que els va trasbalsar una mica que algú a càrrec d'un ministeri compartís amb ells un assumpte tant personal. Jo els vaig expressar que només sóc un germà en Crist i

que no sóc de cap manera superior a ells, i que per tenir unitat de pensament i de propòsit hauríem de ser sincers els uns amb els altres.

He d'admetre que va ser molt fàcil ser sincer perquè sé qui sóc en Crist. Crec que aquesta temptació aviat serà cosa del passat. El meu passat ja no té poder damunt meu. Tinc a qui retre comptes i tinc companys de pregària. La victòria és meva!

CAPÍTOL SET
COM VÈNCER EL PECAT HABITUAL (Pas 6)

Imagina't que, igual que Déu, poguessis veure la realitat del món espiritual i saber el que les persones estan pensant. Veuries una figura fosca i amenaçadora esperant darrera la porta d'un jove cristià que es diu Daniel.

Disfressat d'àngel de llum, aquest dimoni li suggereix subtilment al Daniel que obri la porta al pecat: "Perquè no fas una ullada a aquell material pornogràfic? Saps que ho desitges. No passarà res. Qui ho sabrà? Tothom ho fa".

L'Esperit Sant, que viu dins en Daniel, li dóna convicció immediata i li ofereix una via d'escapament. En Daniel també té un desig físic i natural de menjar i de sexe, a més d'antics hàbits carnals que operen independentment de Déu. La vella naturalesa exigeix satisfacció i discuteix amb l'Esperit de Déu: "Què té de dolent veure pornografia? Al final, qui em va crear amb aquests desigs? No va ser Déu mateix? Com pot crear-me així i després condemnar-me per això?"

La lluita dins la ment és intensa: "Perquè els desigs terrenals són contraris a l'Esperit, i l'Esperit és contrari als desigs terrenals. Hi ha una lluita entre ells, i per això no feu el que voldríeu".[136] Déu li va oferir al Daniel una via d'escapament però aquest no va saber portar tot pensament captiu en obediència a Crist. [137] Al principi les fotos són un gaudi per a la vista i el cos respon en una explosió emocional eufòrica. Però el plaer és només momentani perquè "cadascú és temptat pels propis desigs, que l'atreuen i el sedueixen. Després, aquests desigs, un cop fecundats, engendren el pecat, i el pecat, quan és consumat, infanta la mort".[138]

LES CONSEQÜÈNCIES DE MALES DECISIONS

La figura amenaçadora aprofita que la porta és oberta perquè en Daniel, al decidir-se pel pecat, ha actuat independentment de Déu. Satanàs passa immediatament del paper de temptador al d'acusador: "Mai te'n sortiràs. Com pot ser que siguis cristià i facis això? Ets patètic!"

Aclaparat per la culpa en Daniel clama a Déu: "Senyor, perdona'm; no ho tornaré a fer". Dos dies després en Daniel torna a pecar, la qual cosa precipita un altre clamor per perdó. D'aquesta manera continua el cercle viciós de pecar, confessar, i tornar a pecar, fins que passa el següent: un altre cristià no gaire compassiu el sorprèn pecant. En lloc d'actuar com a ministre de gràcia i reconciliació se suma a la figura amenaçadora en el "ministeri" de condemnació.

"Ets un exemple patètic de cristià!", li diu al Daniel. "Com pots fer això i dir que ets cristià? Ets la vergonya de l'església. Més et val confessar i suplicar a Déu que et perdoni". Els "cristians" legalistes i controladors formen una aliança amb l'acusador dels germans i ni tant sols se n'adonen.

El "cristià" acusador sembla que no sap que en Daniel ja ha estat perdonat per Déu i que ja ha confessat el seu pecat centenars de cops. La seva resposta insensible i la falta de misericòrdia només empenyerà al Daniel a un estat encara més profund de desesperació. Afegir culpa i vergonya no millorarà la seva salut mental. El món, la carn i el diable han vençut un altre cristià. Com podem trencar aquest cercle de derrota? És suficient la confessió?

Confessar vol dir estar d'acord amb Déu, vol dir caminar en la llum de la mateixa manera que Ell és la llum.[139] Aquest és el primer pas cap al penediment però el penediment no és complet fins que no es demostri un canvi. Ens cal estar d'acord amb Déu i enfrontar-nos a la veritat però només això no ens alliberarà de les urpes del pecat. Si la confessió és genuïna i va acompanyada d'un compromís de fer la seva voluntat ja t'hauràs sotmès a Déu però encara et faltarà resistir el diable. [140]

El penediment complet inclou sotmetre's a Déu, resistir el diable i tancar la porta a futures temptacions. Això vol dir desfer-se de la pornografia que hi hagi a casa i a l'ordinador. També vol dir mantenir-se allunyat de bars de mala reputació, traficants de drogues i de totes les males companyies – "Allunyeu-vos de tota mena de mal".[141] Potser també calgui canviar de número de telèfon perquè camells i altres coneguts indesitjables no puguin comunicar-se amb tu. La porta es tancarà completament quan s'hagi trencat tot lligam i s'hagi enderrocat tota fortalesa mental. Per fer això últim cal renunciar a les mentides que s'hagin cregut, les quals van contribuir al teu comportament pecaminós, i després escollir la veritat. Aquest Pas ha estat dissenyat per trencar lligams i enderrocar fortaleses mentals. Seràs transformat quan renovis el teu enteniment d'acord a la veritat de la Paraula de Déu. [142]

EFECTES DE L'ADDICCIÓ

Les persones atrapades en patrons de comportament addictiu i immoral són víctimes de l'assetjament més cruel de l'enemic. Primer, Satanàs els tempta a pecar, després els condemna per haver pecat i després els ataca l'autoestima. Si creuen aquestes mentides acabaran pensant que són pecadors, alcohòlics o addictes sense remei.

No tens cap problema de tipus químic, sexual o de drogues sinó existencial. No aconseguiràs vèncer l'addicció simplement intentant eliminar el mal comportament. Tampoc que et diguin que estàs fent mal fet et donarà el poder per deixar de fer-ho. Necessites fer les paus amb Déu i llavors la vida de Crist fluirà en tu, donant-te el poder de Déu per vèncer el pecat. Si estàs ple (controlat per) l'Esperit Sant, no necessitaràs satisfer els desigs terrenals. [143] No necessites condemnació. Vols ser lliure del pecat perquè a ningú li agrada viure en esclavitud al pecat.

COM SEGUIR EL SISÈ PAS

Vèncer l'hàbit de pecar pot requerir l'ajuda d'un germà o germana en Crist. Jaume 5:16 diu: "Confesseu els uns als altres els vostres pecats, i pregueu els uns pels altres, perquè sigueu guarits. La pregària insistent d'un just és molt poderosa." En alguns casos la promesa de 1 de Joan 1:9 és suficient: "si reconeixem els nostres pecats, Ell, que és fidel i just, ens perdonarà els pecats i ens purificarà de tot mal".

Confessar no és dir: "Ho sento"; és reconèixer honesta i obertament: "Ho vaig fer". Tant si necessites ajuda com si simplement has de retre comptes per caminar en la llum amb Déu, **prega en veu alta:**

Estimat Pare celestial, tu em manes vestir-me del Senyor Jesucrist i que no proveeixi pels desitjos de la meva naturalesa pecaminosa. Confesso que he cedit davant de mals desitjos que estan en conflicte amb la meva ànima. T'agraeixo que en Crist hagis perdonat els meus pecats. Reconec que he violat la teva llei santa i he permès que el pecat lliuri una guerra al meu cos. Ara vinc a tu per confessar i rebutjar aquests pecats de la meva naturalesa pecaminosa per així ser netejat i alliberat de l'esclavitud del pecat. Et prego que em revelis totes els pecats que he comès i les maneres en les que he entristit l'Esperit Sant. En el sant nom de Jesús. Amén. [144]

La llista següent conté molts dels pecats de la carn però si vols un recompte exhaustiu medita amb els passatges de Marc 7:20-23, Gàlates 5:19-21 i Efesis 45:25-31. Llegeix la llista i els passatges esmentats i demana a l'Esperit Sant que et porti a la ment totes els pecats que et calgui confessar. Potser te'n reveli d'altres que no estan a la llista. Per a cada pecat que el Senyor et mostri, fes de cor una pregària de confessió fent servir l'exemple donat (Nota: Més tard en aquest capítol tractarem amb pecats sexuals, divorci, trastorns alimentaris, abús de substàncies, avortament, tendències suïcides i perfeccionisme. Potser et serà necessari rebre conselleria per trobar completa restauració i llibertat en aquestes àrees. Demana-li consell al teu pastor o a un líder de la teva confiança.)

☐ Robatori
☐ Baralles
☐ Gelosia / enveja
☐ Jutjar altres
☐ Sarcasme
☐ Xafarderia / calúmnia
☐ Vocabulari groller
☐ Competitivitat
☐ Apatia / mandra
☐ Odi

☐ Ira
☐ Pensaments i/o actes luxuriosos
☐ Borratxera
☐ Estafa / engany
☐ Postergació (posposar constantment)
☐ Cobdícia / materialisme
☐ Altres _____

Senyor, confesso que he comès el pecat de _____ [anomena el pecat]. Gràcies pel teu perdó i la teva neteja. Ara deixo enrere aquest pecat i torno a tu, Senyor. Enforteix-me amb el teu Esperit Sant per obeir-te. En el nom de Jesús. **Amén.**

ENTENDRE L'ESCLAVITUD AL SEXE

A Romans capítol 6 l'apòstol Pau identifica a cada fill de Déu amb Crist en la seva vida, mort, sepultura i resurrecció. Aquesta associació és certa perquè les nostres ànimes estan unides a Déu i la seva vida eterna. Hem de decidir creure contínuament que estem vius en Crist i morts al pecat. Hi ha una llei del pecat i una llei de mort i no ens en podem desfer. Però poden ser vençudes per una llei més gran, la llei de l'Esperit de vida en Jesucrist. [145]

Per tant, el pecat encara està present i també la temptació, de la mateixa manera que la mort física encara preval. Però la llei de l'Esperit de vida en Crist ens assegura que seguirem vivint espiritualment i per sempre a la presència de Déu. I aquesta llei també és més gran que la llei del pecat. Sempre que visquem per fe d'acord a allò que Déu diu que és veritat i en el seu poder, no pecarem. Pau continua dient que no hem de permetre que el pecat regni als nostres cossos mortals i ens explica com aconseguir-ho. "No poseu els membres del vostre cos al servei del pecat com a instruments per a fer el mal; més aviat oferiu-vos a Déu com qui ha passat de mort a vida, i poseu els vostres membres al servei de Déu com a instruments per a fer el bé".[146]

Si comets un pecat sexual estàs fent servir el teu cos com a instrument d'injustícia i permets que el pecat regni al teu cos mortal. La confessió per sí mateixa no resoldrà el problema. Hi ha un altre text a la Bíblia que és important per vèncer les fortaleses sexuals:

"¿No sabeu que els vostres cossos són membres de Crist? ¿Puc agafar, doncs, els membres de Crist per fer-ne membres d'una prostituta? De cap manera! ¿O és que no sabeu que el qui s'uneix a una prostituta es fa un sol cos amb ella? Perquè diu l'Escriptura: Tots dos formen una sola carn. En canvi, el qui s'uneix al Senyor es fa un sol esperit amb Ell. Fugiu d'una vida libidinosa! Qualsevol dels pecats que comet l'home són exteriors al seu cos, però el qui porta una vida libidinosa peca contra el seu propi cos. ¿No sabeu que el vostre cos és temple de l'Esperit Sant que heu rebut de Déu i que

habita en vosaltres? ¿No sabeu que no sou vostres? Heu estat comprats pagant un preu: glorifiqueu Déu en el vostre cos!" [1 Corintis 6:15-20]

EL VINCLE SEXUAL

El vincle s'estableix quan es comet un acte sexual impur. La persona s'ha unit en una sola carn al seu company o companya. Això passa fins i tot en casos d'incest o violació. El cos s'ha utilitzat com a instrument d'injustícia. El temple ha estat violat. "Però això no és just!" Per suposat que no ho és i no puc garantir que no et passarà ni a tu ni a una altra persona. Però puc dir-te com resoldre-ho en Crist perquè no continuïs esclavitzat per l'abús sexual. En casos de violació o incest la dona acostuma a bloquejar-se sexualment encara que estigui casada amb un home cristià. Per a ella el sexe és brut i no tolera que la toquin.

Se'ns aconsella fugir de tot tipus d'immoralitat perquè és un pecat autodestructiu que cometem contra el nostre propi cos. Tant Déu com Satanàs coneixen les nostres debilitats quant les passions sexuals. Satanàs juga amb aquestes debilitat però Déu ens proporciona una via d'escapament.

TRENCAR EL VINCLE SEXUAL

Per arribar a un penediment complet demana-li al Senyor que et reveli cada cop que el teu cos es va fer servir com a instrument d'immoralitat sexual. A mesura que el Senyor et recordi cada ocasió renuncia-hi i demana-li que trenqui el vincle amb l'altra persona. Acaba presentant el teu cos al Senyor com un sacrifici viu, la qual cosa se'ns aconsella fer per les misericòrdies de Déu. [147]

Comença amb la pregària següent:

Senyor, *si us plau, porta'm a la ment tot ús sexual del meu cos com a instrument d'injustícia per poder, amb l'ajuda de Crist, rebutjar aquests pecats sexuals i trencar els lligams. En el nom de Jesús.* *Amén.*

A mesura que el Senyor et recordi cada mal us sexual del teu cos, hagi estat contra tu (violació, incest, tocaments) o comès per tu (pornografia, masturbació, immoralitat sexual), rebutja-ho de la següent manera:

Senyor Jesús, rebutjo _____ *(anomena la experiència sexual) amb* _____ *(anomena qualsevol altra persona involucrada). Et demano que trenquis el lligam de pecat amb* _____ *(anomena la persona).*

Quan hagis acabat consagra-li el teu cos al Senyor pregant:

Estimat Pare celestial, *rebutjo qualsevol us del meu cos com a instrument d'injustícia i confesso tota participació voluntària. Decideixo presentar-te els meus ulls, boca, ment, cor, mans, peus i òrgans sexuals a tu com a instruments de justícia.*
Et presento tot el meu cos com a sacrifici viu, sant i agradable. Decideixo reservar l'ús sexual del meu cos únicament pel matrimoni. Rebutjo la mentida del diable que el meu cos no està net o que està brut o que és inacceptable per a tu com a resultat de les meves experiències sexuals passades. Senyor, gràcies per haver-me netejat i perdonat completament; gràcies perquè m'estimes i m'acceptes tal i com sóc. Per tant, decideixo acceptar-me a mi mateix i al meu cos net davant els teus ulls. En el nom de Jesús. **Amén**. *(veure Hebreus 13:4)*

PREGÀRIES PER PROBLEMES ESPECÍFICS

Divorci

Senyor, *confesso el paper que vaig jugar en el meu divorci (demana-li que t'ho mostri específicament). Gràcies pel teu perdó i decideixo no condemnar-me a mi mateix. Renuncio a la mentida que el divorci afecta la meva identitat en Crist. Sóc un fill de Déu i rebutjo la mentida que sóc un cristià de segona categoria degut al meu divorci. Rebutjo la mentida que no valc res, que no mereixo ser estimat i que la meva vida està buida i no té cap sentit. Sóc complet en Crist, el qual m'estima i m'accepta tal i com sóc. Senyor, et confio la sanació de tot el dolor a la meva vida, de la mateixa manera que he decidit perdonar aquells qui m'han ferit. Poso a les teves mans el meu futur i decideixo buscar companyonia humana a l'església. Sotmeto a la teva voluntat la possibilitat de casar-me novament. Prego en el nom sanador de Jesús, el meu Senyor i amic més proper.* **Amén.**

Homosexualitat

Senyor Jesús, rebutjo la mentida que m'has creat a mi i a qualsevol altre per ser homosexual i entenc que la teva Paraula prohibeix clarament la conducta homosexual. Decideixo acceptar-me com a fill de Déu i t'agraeixo haver-me creat home (o dona). Rebutjo tot pensament, desig, impuls i acte homosexual, i rebutjo totes les maneres en que Satanàs ha fet servir tot això per pervertir les meves relacions personals. Declaro que sóc lliure en Crist per relacionar-me amb el sexe oposat i amb el meu propi sexe de la forma que tu desitges. En el nom de Jesús. Amén.

Avortament

Senyor Jesús, confesso que no vaig guardar ni protegir la vida que tu em vas confiar i ho reconec com un pecat. Gràcies perquè pel teu perdó em puc perdonar a mi mateixa. Reconec que la criatura està a les teves mans amoroses per tota l'eternitat. En el nom de Jesús. Amén.

Tendències suïcides

Senyor, renuncio a tot pensament suïcida i a qualsevol intent de treure'm la vida o fer-me mal a mi mateix. Rebutjo la mentida que no hi ha esperança a la meva vida i que puc trobar pau i llibertat llevant-me la vida. Satanàs és un lladre que ve a robar, matar i destruir. Decideixo viure en Crist, el qual va dir que va venir a donar-me vida i a donar-me-la en abundància. Gràcies pel teu perdó, el qual em permet perdonar-me. Decideixo creure la veritat que sempre hi ha esperança en Crist. En el nom de Jesús. Amén

Abús de substàncies

Senyor, confesso que he fet un mal ús de certes substàncies (alcohol, tabac, aliments, medicines o drogues) amb el propòsit d'obtenir-ne plaer, per escapar de la realitat o per enfrontar problemes difícils. Confesso que he maltractat el meu cos i que he programat la meva ment de formes nocives. També he apagat l'Esperit Sant. Gràcies per perdonar-me. Renuncio a tota connexió o influència satànica a la meva vida a través de l'abús d'aliments o productes químics. Aboco tota la meva ansietat sobre Crist, el qual m'estima. Em comprometo a no cedir a l'abús de substàncies i decideixo permetre que l'Esperit Sant em dirigeixi i em doni poder. En el nom de Jesús. **Amén.**

Trastorns alimentaris o automutilació

Senyor, renuncio a la mentida que el meu valor com a individu depèn de la meva aparença o del meu esforç. Renuncio a tallar-me, fer-me mal, vomitar, fer servir laxants o dejunar com a mitjà per mantenir el control, alterar la meva aparença o purgar-me del mal. Declaro que només la sang del Senyor Jesucrist em neteja de pecat. Entenc que he estat comprat pagant un preu i que el meu cos, que és temple de l'Esperit Sant, li pertany a Déu. Per tant, decideixo glorificar Déu al meu cos. Renuncio a la mentida que sóc dolent i que alguna part del meu cos és dolenta. Gràcies perquè en Crist m'acceptes tal i com sóc. En el nom de Jesús. **Amén.**

Tendències compulsives i perfeccionistes

Senyor, renuncio a la mentida que la meva autoestima depèn de la meva capacitat de dur a terme una tasca. Declaro la veritat que la meva identitat i el meu valor com a persona es basen en ser el teu fill. Renuncio a buscar aprovació d'altres persones i decideixo creure que tinc plena acceptació i aprovació en Crist, gràcies a que Ell va morir i ressuscitar per mi. Escullo creure la veritat que he estat salvat, no per bones obres sinó per la teva misericòrdia. Decideixo creure que ja no estic sota la maledicció de la Llei perquè Crist es va fer maledicció per mi. Rebo el regal de vida en Crist i decideixo romandre en Ell. Renuncio a buscar la perfecció intentant viure sota la llei. Per la teva gràcia, Pare celestial, decideixo d'ara endavant caminar per fe en el poder del teu Sant Esperit segons la teva veritat. En el nom de Jesús. **Amén.**

Després d'haver confessat tot pecat del qual n'eres conscient acaba aquest Pas pregant:

Estimat Pare celestial, confesso ara aquests pecats davant teu, demanant que em perdonis i em netegis mitjançant la sang del Senyor Jesucrist. Anul·lo tot el terreny que Satanàs hagi guanyat a la meva vida per la meva participació intencional en el pecat. T'ho demano en el nom meravellós del meu Senyor i Salvador, Jesucrist. **Amén.**

CONCLUSIÓ

Imagina que tens un "mort al teu armari", alguna cosa que has mantingut amagada; un mal que vas fer i que mai has entregat a Déu ni li has explicat a ningú. Què fa el mentider, l'enganyador, l'acusador dels germans? Pica a la porta i et diu: "vull parlar amb tu sobre aquest "mort al teu armari". Immediatament et sents nerviós, culpable i condemnat, perquè saps que està allà. Si obres la porta tothom el podrà veure.

Ara imagina que t'has penedit completament del teu pecat. I que no hi ha un "mort al teu armari". La Bíblia diu que Déu ho ha netejat completament i ho ha perdonat. Déu mai exposarà el teu pecat per fer-lo servir en contra teva. Però Satanàs continua picant a la porta i vol parlar-te del "mort al teu armari", però tu saps que ja no hi és.

No és el mateix un conflicte del nostre passat no resolt que el simple record d'aquell conflicte. Segons les Escriptures el que has fet al realitzar els Passos és reduir aquestes experiències a simples records. Ara ets lliure del passat i del pecat que t'enredava. Ja no té control sobre tu i Déu no ho farà servir mai en contra teva, ni ara ni en el futur.

> Segons les Escriptures el que has fet al realitzar els Passos és reduir aquestes experiències a simples records. Ara ets lliure del passat i del pecat que t'enredava
>
> ✂

CAPÍTOL VUIT
COM VÈNCER ELS PECATS ANCESTRALS (Pas 7)

L'últim punt que ens cal resoldre és el que està relacionat amb els pecats ancestrals que passen de generació en generació i la guerra espiritual que prové d'ells. Aquest Pas és crucial per a aquells qui procedeixen de famílies disfuncionals o de famílies que han participat en idolatria o en ocultisme. Amb aquest Pas la persona trenca la darrera baula de la cadena que l'ha mantingut esclava del seu passat. Un creient no pot prendre la seva posició en Crist passivament; li cal escollir activament acceptar-se a sí mateix com una nova creació en Crist i ocupar el seu lloc a la família de Déu.

CON INFLUEIX L'HERÈNCIA

Si no fem l'esforç necessari per evitar-ho perpetuem els hàbits, costums i tradicions que la nostra família ha anat transmetent durant generacions. La família en la qual vam néixer i la forma en la qual vam ser criats van forjar la nostra mentalitat i la nostra conducta actuals. Alguns d'aquests trets familiars poden ser beneficiosos i d'altres no. Jesús va dir: "El deixeble no és més que el mestre; però tot deixeble, un cop instruït, serà com el seu mestre".[148] La personalitat i el temperament s'estableixen en la seva major part als cinc anys d'edat i ningú contribueix més al nostre desenvolupament primerenc que els nostres pares.

Aquesta connexió generacional s'observa clarament en els cicles d'abús. Els individus que han patit abusos es converteixen en agressors. Aquest cercle pot transmetre's genètica, social i espiritualment. En primer lloc, encara que algú estigui predisposat genèticament a certes virtuts o a certes debilitats, no per això es converteix automàticament en alcohòlic, drogoaddicte o homosexual. Adquirim aquests hàbits per les nostres pròpies decisions però alguns podem ser més vulnerables que altres degut a diferències genètiques.

En segon lloc, l'entorn en el qual ens criem afecta enormement el nostre desenvolupament. Aquest procés d'aprenentatge es dóna més per observació que per discurs. Les accions dels pares influeixen més que les paraules. Si vas créixer a una llar on es deixava pornografia a l'abast, lluitaràs amb la luxúria més que algú que es va criar en una llar amb un sentit moral més responsable. Les fortaleses mentals es desenvolupen primordialment a l'entorn on ens criem. Quan dic entorn em refereixo a les amistats que vam tenir, el veïnat on jugàvem, l'església a la qual assitiem (o no) i els pares que ens van criar.

El tercer factor que contribueix al nostre desenvolupament és l'espiritual. Als Deu Manaments Déu va dir: "No et fabriquis ídols; no et facis cap imatge del que hi ha dalt al cel, aquí baix a la terra o en les aigües d'aquí baix. No els adoris ni els donis culte, perquè jo, el Senyor, el teu Déu, sóc el Déu-gelós: demano comptes als fills de les culpes dels pares fins a la tercera i la quarta generació dels qui no m'estimen. Però, per als qui m'estimen i guarden els meus preceptes, mantinc el meu amor durant un miler de generacions".[149] Déu beneeix fins a la mil·lèsima generació els qui són obedients al seu pacte, però les iniquitats dels qui són desobedients es transmeten fins la tercera i la quarta generació.

COM SEGUIR AMB EL SETÈ PAS

Demana-li al Senyor que et mostri quins pecats són característics de la teva família mitjançant la següent pregària:

Estimat Pare celestial, revela'm tots els pecats dels meus avantpassats que s'hagin transmès per mitjà de les línies familiars. Vull ser lliure d'aquestes influències i caminar en la meva nova identitat com a fill de Déu. En el nom de Jesús. Amén.

Senyor, renuncio a (confessa tots els pecats familiars que Déu et porti a la ment). Amén.

Satanàs i altres persones ens poden maleir però això no tindrà cap efecte sobre nosaltres a no ser que ens ho creiem. No podem prendre passivament el nostre lloc en Crist. Necessitem decidir activa i intencionalment sotmetre'ns a Déu i resistir el diable. Llavors ell fugirà de nosaltres. Completa aquest Pas amb la següent declaració i pregària:

DECLARACIÓ

Senyor, *ara i aquí renuncio i repudio tots els pecats dels meus avantpassats. Havent estat rescatat del poder de l'obscuritat i portat al regne del Fill de Déu declaro que els pecats i les iniquitats dels meus avantpassats no tenen cap domini sobre meu. Ara em presento davant de Crist perdonat i net. Havent estat crucificat i aixecat amb Jesucrist i estant ara assegut amb Ell als llocs celestials renuncio a tota maledicció dirigida cap a mi i cap al meu ministeri. Declaro que la veritat de Jesús ha trencat tota maledicció que Satanàs hagi posat sobre meu. Declaro davant de Satanàs i totes les seves forces que Crist es va convertir en maledicció per mi al morir a la Creu pels meus pecats. Rebutjo qualsevol manera en què Satanàs pugui reclamar potestat sobre meu. Pertanyo al Senyor Jesucrist, el qual em va comprar amb la seva pròpia sang. Rebutjo tot sacrifici de sang pel qual Satanàs pugui reclamar que li pertanyo. Em declaro total i eternament entregat i compromès amb el Senyor Jesucrist. Per l'autoritat que tinc en Crist ordeno ara que tot enemic seu abandoni la meva presència. M'encomano al meu Pare celestial per fer la seva voluntat d'avui en endavant. En el nom de Jesús. Amén.*

PREGÀRIA

Estimat Pare celestial, vinc a tu com a fill teu, rescatat de l'esclavitud del pecat per la sang del Senyor Jesucrist. Ets el Senyor de l'univers i el Senyor de la meva vida. Sotmeto el meu cos a tu com instrument de justícia, com sacrifici viu i sant per la teva glòria. Ara et demano que m'omplis fins a vessar amb el teu Esperit Sant avui i cada dia. Em comprometo a renovar la meva ment per comprovar que la teva voluntat és bona, agradable i perfecta per a mi. Et prego tot això sota l'autoritat i en el nom del Senyor Jesucrist ressuscitat. Amén.

COM PRESERVAR LA TEVA LLIBERTAT

És emocionant experimentar la llibertat en Crist però et caldrà preservar el que has aconseguit. Has guanyat una batalla important però la guerra continua.

Per mantenir la teva llibertat en Crist i créixer en la gràcia de Déu has de seguir renovant la teva ment d'acord amb la veritat de la Paraula de Déu. Si te n'adones d'algunes mentides en les quals has cregut, rebutja-les i escull la veritat. Si sorgeixen més records dolorosos, perdona als qui et van ferir i renuncia a qualsevol participació pecaminosa que tu hi tinguessis. Moltes persones decideixen passar pels Passos cap a la llibertat en Crist de nou per assegurar-se que han resolt tots els assumptes. A vegades surten a la llum nous assumptes. Et pot ser útil fer-los periòdicament com una "neteja a fons" espiritual.

Després d'haver fet els Passos a vegades les persones poden tenir pensaments com: "Realment no ha canviat res"; "sóc la mateixa persona de sempre"; o "no ha funcionat". En la majoria dels casos simplement no facis cas d'aquests pensaments. No et desfàs dels pensaments negatius rebutjant-los un per un sinó penedint-te i optant per la veritat.

T'animo a llegir algun dels següents llibres de Neil Anderson, publicats en castellà: *Rompiendo las cadenas, Victoria sobre la oscuridad*. Si t'interessa refermar els principis dels Passos en grup pots fer servir *Libertad en Cristo – Un curso de 13 Semanas para hacer discípulos [Manual del participante y Guía del Líder]*. Per preservar la teva llibertat en Crist també et suggereixo el següent:

1. Involucra't en una comunitat de fe (església) que transmeti amor i cura, allà on puguis obrir-te amb sinceritat i on s'ensenyi la veritat de Déu amb gràcia

2. Llegeix diàriament la Bíblia i medita en ella. Memoritza versets claus dels Passos cap a llibertat en Crist. Podries també llegir les Declaracions de veritat (Pas 2) en veu alta cada dia i estudiar els versets que s'hi esmenten

3. Aprèn a portar captiu tot pensament a l'obediència de Crist. Assumeix la responsabilitat dels teus pensaments. No deixis que la teva ment sigui passiva. Rebutja la mentida, escull enfocar-te en la veritat i referma't en la teva identitat com a fill de Déu en Crist

4. No reculis als teus patrons antics de pensament, sentiments i comportament. Això pot passar fàcilment si et descuides espiritual i mentalment. Si t'està costant caminar en la veritat, comparteix les teves lluites obertament amb algú en qui confiïs, el qual pregarà per tu i t'animarà a mantenir-te ferm

5. Malgrat això, no esperis que altres persones lluitin les teves batalles en el teu lloc. Poden ajudar-te però no poden pensar, pregar, llegir la Bíblia o escollir la veritat per tu

6. Compromet-te a pregar diàriament. La pregària demostra que confies en Déu i depens d'Ell. Pots repetir les pregàries següents sovint i amb confiança. Deixa que les paraules surtin tant del teu cor com dels teus llavis; ets lliure de modificar-les per fer-les teves

PREGÀRIA I DECLARACIÓ DIÀRIA

Estimat Pare celestial, et lloo i t'honro com el meu Senyor i Salvador. Tu ho tens tot sota control. T'agraeixo que sempre siguis amb mi i que mai em deixaràs ni m'abandonaràs. Ets l'únic Déu totpoderós i savi. Ets tendre i amorós en tots els teus camins. T'estimo i t'agraeixo que estigui unit a Crist i espiritualment viu en Ell. Em proposo no estimar el món ni les coses del món i crucifico la naturalesa humana i totes les seves passions.

Gràcies per la vida que ara tinc en Crist. Et demano que m'omplis del teu Esperit Sant per rebutjar el pecat i servir-te. Declaro la meva total dependència de tu i m'oposo a Satanàs i a totes les seves mentides. Decideixo creure la veritat de la Paraula de Déu per damunt del que els meus sentiments em dicten. Em nego a desanimar-me; tu ets el Déu de tota esperança. No hi ha res massa difícil per a tu. Confio que supliràs totes les meves necessitats a mesura que intenti viure segons la teva Paraula. Gràcies perquè puc estar satisfet i puc viure de manera responsable en Crist, el qual em fa fort.

Ara m'oposo a Satanàs i a totes els seus esperits malignes i els ordeno que s'apartin de mi. Decideixo posar-me tota l'armadura de Déu per fer front a les estratagemes del diable. Entrego el meu cos com a sacrifici viu i sant a Déu i decideixo renovar la meva ment amb la seva Paraula. Al fer això podré comprovar que la voluntat de Déu és bona, agradable i perfecta per a mi. En el nom del meu Senyor i Salvador Jesucrist. Amén.

PREGÀRIA NOCTURNA

Gràcies Senyor per haver-me incorporat a la teva família i haver-me donat tota benedicció espiritual als llocs celestials en Crist Jesús. Gràcies per renovar-me i donar-me descans mitjançant el son. Ho accepto com una benedicció que dones als teus fills i confio en què protegiràs la meva ment i el meu cos mentre dormo.
Així com he meditat en tu i en la teva veritat durant el dia, demano que aquests pensaments continuïn a la meva ment mentre dormo. M'encomano a tu per rebre la teva protecció contra qualsevol atac de Satanàs i els seus dimonis durant el son. Protegeix la meva ment dels malsons. Rebutjo tot temor i diposito tota la meva ansietat a sobre teu, Senyor. Et reconec com la meva roca, el meu refugi i la meva torre forta. Que la teva pau estigui damunt d'aquest lloc de descans. En el nom poderós del Senyor Jesucrist. Amén.

PREGÀRIA PER LA LLAR

Després de treure i destruir qualsevol objecte d'adoració falsa prega en veu alta a cada habitació, si és necessari:

Pare celestial, reconec que tu ets el Senyor del cel i de la terra. En el teu poder i amor sobirans em permets gaudir de tot el que tinc. Gràcies per aquest lloc on visc. Declaro casa meva com un refugi espiritual per a la meva família i per a mi i demano la teva protecció contra qualsevol atac de l'enemic. Com a fill de Déu, ressuscitat i assegut amb Crist a les regions celestials, ordeno a tot esperit maligne (que reclami dret sobre aquest lloc en base al que jo o altres hagin fet) que marxi i que no torni mai més. Rebutjo qualsevol maledicció o encanteri lligats a aquest lloc. Et demano, Pare celestial, que posis àngels guardians sobre aquest lloc per protegir-lo de qualsevol intent de l'enemic d'entrar i obstaculitzar els teus propòsits per a mi i per a la meva família. Gràcies, Senyor, en el nom de Jesucrist, per fer això. Amén.

PREGÀRIA QUAN ES VIU EN UN ENTORN NO CRISTIÀ

Després de treure i destruir qualsevol objecte d'adoració falsa que sigui teu, prega en veu alta sobre el lloc on vius:

*Gràcies, **Pare celestial**, per tenir aquest lloc per viure i ser renovat mitjançant el son. Et demano que apartis aquesta habitació (o la part d'aquesta que em correspon) com un refugi espiritual per a mi. Rebutjo qualsevol domini atorgat per altres residents a déus i esperits falsos. Rebutjo qualsevol reclam de Satanàs sobre aquest lloc en base al que els altres residents hagin fet (o continuïn fent) aquí. Com a fill de Déu i hereu amb Crist, el qual té tota potestat al cel i a la terra, ordeno a tot esperit maligne que abandoni aquest lloc i no torni. Et demano, Pare celestial, que posis els teus sants àngels guardians per protegir-me mentre visc aquí. En el nom de Jesús. **Amén.***

Pau prega a Efesis 1:18-19: "Li demano que il·lumini els ulls del vostre cor perquè conegueu a quina esperança ens ha cridat, quines riqueses de glòria ens té reservades en l'heretat que Ell ens dóna entre els sants, i quina és la grandesa immensa del seu poder que obra en nosaltres, els creients". Estimat, ets fill de Déu (veure 1 Joan 3:1-3) i "el meu Déu satisfarà totes les vostres necessitats segons la mesura de la seva riquesa, omplint-vos de glòria en Jesucrist" (Filipencs 4:19). Les necessitats fonamentals són les necessitats "d'ésser", com la vida eterna o espiritual que Déu t'ha donat i la identitat que tens en Crist. A més a més, Jesús ha suplert la teva necessitat d'acceptació, seguretat i importància. Aprèn-te de memòria i medita diàriament en les següents veritats.

Segueix caminant en la veritat que la teva identitat i valor deriven de qui ets en Crist. Renova la teva ment amb la veritat que la teva acceptació, seguretat i importància reposen únicament en Crist.
Et recomanem que meditis cada dia en les veritats de les pàgines següents. Intenta llegir tota la llista en veu alta, al matí i a la nit, durant les properes setmanes. Reflexiona en el que llegeixes i deixa que el teu cor es deleixi en la veritat.

En Crist sóc important

Renuncio a la mentida que sóc insignificant, inadequat i que no hi ha esperança per a mi. En Crist sóc molt important i especial. Déu diu que:

- Sóc la sal de la terra i la llum del món (Mateu 5:13-14)
- Sóc un sarment del cep veritable, unit a Crist i un canal que transporta la seva vida (Joan 15:1-5)
- Déu m'ha escollit i destinat a portar molt de fruit (Joan 15:16)
- Sóc testimoni personal de Crist, capacitat per l'Esperit Sant (Fets 1:8)
- Sóc temple de Déu (1 Corintis 3:16)
- Estic en pau amb Déu; Ell m'ha encarregat treballar perquè altres trobin la pau amb Ell. Sóc ministre de reconciliació (2 Corintis 6:1)
- Estic assegut en llocs celestials amb Crist Jesús (Efesis 2:6)
- Sóc obra seva, creat per fer bones obres (Efesis 2:10)
- Puc apropar-me a Déu amb llibertat i confiança (Efesis 3:12)
- Ho puc fer tot per mitjà de Crist, que em fa fort (Filipencs 4:13)

En Crist tinc plena seguretat

Renuncio a la mentida que sóc culpable, estic desprotegit, sol o abandonat. En Crist tinc total seguretat. Déu diu que:

- Estic exempt per sempre de qualsevol condemnació (càstig). Romans 8:1-2)
- Déu ho disposa tot en bé d'aquells qui l'estimen (Romans 8:28)
- Sóc lliure de qualsevol acusació contra mi (Romans 8:31-34)
- Res em pot separar de l'amor de Déu (Romans 8:35-39)
- Déu m'ha refermat, ungit i segellat (2 Corintis 1:21-22)
- Déu perfeccionarà la bona obra que va començar en mi (Filipencs 1.6)

- Sóc ciutadà del cel (Filipencs 3:20)

- Estic amagat amb Crist en Déu (Colossencs 3:3)

- Déu no m'ha donat un esperit de covardia sinó de poder, d'amor i de domini de mi mateix (2 Timoteu 1:7)

- Puc obtenir gràcia i misericòrdia en temps de necessitat (Hebreus 4:16)

- He nascut de Déu i el maligne no em pot tocar (1 Joan 5:18)

En Crist sóc acceptat

Renuncio a la mentida que sóc rebutjat, no estimat o brut. En Crist sóc completament acceptat. Déu diu que:

- Sóc fill de Déu (1 Joan 1:12)

- Sóc amic de Crist (Joan 15:15)

- He estat acceptat i fet sant (justificat) per Déu (Romans 5:1)

- Estic unit al Senyor en un sol esperit en Ell (1 Corintis 6:17)

- He estat comprat pagant un preu – pertanyo a Déu (1 Corintis 6:19-20)

- Sóc membre del cos de Crist, part de la seva família (1 Corintis 12:27)

- Sóc un dels sants de Jesucrist (Efesis 1:1)

- He estat adoptat com a fill de Déu (Efesis 1:5)

- Tinc accés directe a Déu per mitjà de l'Esperit Sant (Efesis 2:18)

- He sigut rescatat (redimit) i perdonat de tots els meus pecats (Colossencs 1:14)

- Estic complet en Crist (Colossencs 2:10)

**No sóc el gran "Jo sóc",
però per la gràcia de Déu sóc el que sóc.**

(Èxode 3:14; Joan 8:24, 28, 58; 1 Corintis 15:10)

L'AUTOR

El doctor Neil T. Anderson és fundador i president emèrit del ministeri de Llibertat en Crist. Té més de 40 anys d'experiència pastoral i d'ensenyança i anteriorment va ser director del departament de teologia pràctica del Seminari Teològic de Talbot de la Universitat de Boia. Té tres màsters i dos doctorats de Talbot, la Universitat de Pepperdine i la Universitat de l'Estat d'Arizona. Va treballar com a enginyer aeroespacial abans d'entrar al ministeri. En Neil és autor i coautor de més de 50 llibres que ensenyen com portar una vida centrada en Crist, incloent els llibres best-sellers *Victoria sobre la oscuridad*, *Rompiendo las Cadenas*, *Discipulado en Consejería* i *El mentor*. Viu a Franklin, Tennessee, als Estats Units d'Amèrica, amb la seva esposa Joanne.

RECURSOS PRINCIPALS DE LLIBERTAT EN CRIST (Publicats en Castellà)

Victoria sobre la Oscuridad (Editorial Unilit, 2002). D'aquest llibre se n'han fet milions de còpies i és el primer pas de l'entrenament bàsic del ministeri de discipulat en conselleria. T'ajudarà a resoldre conflictes personals, conèixer el poder de la teva identitat en Crist, deslliurar-te de les càrregues del passat, guanyar la batalla per la teva ment, experimentar la llibertat emocional i aprendre a relacionar-te en Crist. Originalment publicat en anglès per Regal Books, 2000 amb el títol *Victory over the Darkness*.

Emergiendo de la Oscuridad, amb David Park (Editorial UNilit, 1995). Aquesta és l'edició juvenil de *Victòria sobre la Oscuridad*. Originalment publicat en anglès per Regal Books, 1993 amb el títol *Stomping out the Darkness*.

Rompiendo las Cadenas (Editorial Unilit, 2001). D'aquest llibre se n'han fet milions de còpies i és el segon pas de l'entrenament bàsic del ministeri de discipulat en conselleria. T'ajudarà a resoldre els conflictes espirituals, t'ensenyarà quina és la nostra protecció enfront l'enemic, formes en que som vulnerables i com viure una vida lliure en Crist. Originalment publicat en anglès per Harvest House Publishers, 2000 amb el títol *The Bondadge Breaker.*

El Curso Libertad en Cristo (CREED España, 2012). Aquest curs de 13 setmanes abarca l'ensenyança bàsica de Llibertat en Crist d'una forma clara i directa. Inclou un manual del líder, un altre manual pel participant i un CD amb Power Points i les xerrades en àudio. És una manera fàcil i efectiva per a qualsevol església que vulgui implementar un procés efectiu de fer deixebles. El curs pot ajudar els cristians a aferrar-se a la veritat de qui son en Crist, a resoldre conflictes personals i espirituals i a convertir-se en deixebles fructífers. Està dissenyat per fer-se servir sobretot en grups petits però també s'adapta bé per a una sèrie d'ensenyances dominicals.

Los Pasos hacia la Libertad en Cristo (CREED España, 2012). Nova edició revisada per a Espanya i Europa. Aquesta eina per al discipulat en conselleria t'ajudarà a resoldre els teus conflictes personals i individuals. Originalment publicat en anglès per Regal Books, 2004 amb el títol *Steps to Freedom in Christ.*

Discipulado en Consejería (Editorial Unilit 2007). Aquest llibre és l'entrenament avançat per al ministeri de discipulat en conselleria. Combina l'ensenyança d'integració pràctica de teologia i psicologia per ajudar als creients a caminar en llibertat a través del penediment i la fe en Déu.

LLIBERTAT EN CRIST – OFICINA INTERNACIONAL
www.ficminternational.org
+44(0)1183218084

LLIBERTAT EN CRIST MÈXIC
www.ficmm.org – contacto@ficmm.org
+52 55-5489-4565

LLIBERTAT EN CRIST VENEZUELA
www.iglesiasobrelaroca.org – libertadencristovzla@gmail.com

LLIBERTAT EN CRIST ESTATS UNITS
www.ficm.org – info@ficm.org
+1 865-342-4000

LLIBERTAT EN CRIST ESPANYA
www.libertadencristo.es – info@libertadencristo.es
+34 622 225 785

NOTES

INTRODUCCIÓ

1. Sant Joan 1:15
2. 2 Corintis 5:17
3. Colossencs 1:13
4. Efesis 2:10

CAPÍTOL U: HISTÒRIA DE LA REDEMPCIÓ

5. Gènesi 1:1
6. Gènesi 1:26
7. Efesis 2:1
8. Romans 8:22
9. Gènesi 3:14-15
10. Gàlates 3:24
11. Sant Joan 8:42; 14:10; 17:7
12. Romans 3:23
13. Hebreus 9:22
14. 2 Corintis 5:21
15. Sant Joan 10:10
16. Sant Joan 6:48
17. Sant Joan 14:6
18. Fets 4:12
19. Sant Joan 8:32
20. Sant Joan 11:25-26
21. Efesis 2:8-9
22. Sant Joan 1:12
23. 1 de Joan 3:1
24. Sant Mateu 6:9
25. Romans 8:16
26. Filipencs 4:19
27. 1 Corintis 15: 1-8
28. Sant Joan 14:17
29. 1 de Joan 3:8
30. Sant Joan 16:11

CAPÍTOL DOS: COM VÈNCER L'ORIENTACIÓ ERRÒNIA

CAPÍTOL TRES: COM VÈNCER L'ENGANY

61. Sant Joan 8:44
62. 2 Corintis 4:4; Apocalipsi 12:9
63. 2 Corintis 10:4-5
64. 1 Timoteu 4:1

CAPÍTOL QUATRE: COM VÈNCER L'ESCLAVITUD A L'AMARGOR

65. Romans 12:19
66. Proverbis 14:10
67. Colossencs 2:18
68. 2 Corintis 10:5
69. Hebreus 12:15
70. Job 42:6
71. 2 Corintis 5:21
72. Sant Mateu 26:38
73. Sant Lluc 23:34
74. Romans 6:10
75. Efesis 4:31-32
76. 2 Corintis 2:10-11
77. Efesis 4:26-27,31-32
78. Romans 6:23
79. Titus 3:4-5
80. Efesis 2:8
81. Sant Lluc 6:36
82. 2 de Pere 1:4
83. 1 de Joan 4:8
84. Sant Joan 13:35
85. Romans 8:1
86. Hebreus 12:15
87. Romans 12:18

CAPÍTOL CINC: COM COMBATRE LA REBEL·LIÓ

88. Sant Marc 6:24
89. Gènesi 3:5
90. Gàlates 5:23
91. 1 Samuel 15:23

92. Romans 13:1-2
93. Fets 5:29
94. Daniel 1:9
95. Sant Mateu 6:9-13
96. Hebreus 13:17
97. Nombres 14:11-19
98. 1 Timoteu 2:1-2
99. 1 de Pere 2:18-20
100. Sant Marc 6:11
101. Sant Marc 6:12
102. Fets: 8:23
103. Sant Marc 6:13
104. 1 de Pere 2:14
105. Daniel 6:7
106. Sant Jaume 1:27
107. Efesis 5:21
108. Efesis 5:21-24; 1 de Pere 3:1-6
109. Efesis 5:25-33; 1 de Pere 3:7
110. Colossencs 3:11
111. Gàlates 3:28
112. Sant Mateu 20:25-27
113. 1 de Pere 2:1
114. 1 de Pere 2:2-17
115. 1 de Pere 2:9-10
116. 2 de Pere 3:8-12
117. Sant Jaume 4:7

CAPÍTOL SIS: COM VÈNCER L'ORGULL

118. Isaïes 14:13-15
119. Sant Marc 6:48
120. 2 de Cròniques 26:4
121. 1 de Corintis 10:12
122. Colossencs 2:18
123. Romans 12:3
124. 1 Corintis 15:10
125. Filipencs 3:3

CAPÍTOL SET: COM VÈNCER EL PECAT HABITUAL

CAPÍTOL VUIT: COM VÈNCER ELS PECATS ANCESTRALS

www.ingramcontent.com/pod-product-compliance
Lightning Source LLC
Chambersburg PA
CBHW061753020426

42331CB00006B/1468